だいわ文庫

語り継ぐこの国のかたち

半藤一利

大和書房

語り継ぐこの国のかたち　目次

第一部　戦争がこの国に遺したもの

日本のノー・リターン・ポイント
明治からたどる歴史の転換点　13

明治という時代をひもとく　―軍部の暴走をゆるした統帥権
天皇を国民統合の基軸に　―教育勅語と『坊っちゃん』
国を挙げて一生懸命になった時代　―根底に流れる攘夷の精神
漱石が予言した日本の凋落　―勝利病にかかった日本人
日露戦争の勝利が生んだ暗い影　―現代日本のあやうさ
歴史の「四十年サイクル」

戦争のなかの天皇
明治天皇の御製にみる日露戦争　39

御製がうつし出す戦争の現実　―日露戦争にいたる道のり

暗雲立ち込める満洲情勢 ― 平和的解決を切望した明治天皇
開戦決定で流された涙 ― とてつもない消耗戦
容易に喜びを表さず ― 日露戦争の終結と国民への思い
明治天皇の残した警句

過ちがくりかえされる構造
ノモンハン事件と日本的思考 67

参謀本部の真実 ―「司馬さんはなぜノモンハンを書かなかったのか
事件は国境侵犯からはじまった ― 戦争の目的とは
不都合な事実を報告せず ― 独断で暴走する関東軍
人事の致命的な甘さ ― 失敗に学ばない日本人 ― 底知れぬ無責任

日本を暴走させた人たち
参謀から考える日本軍「失敗の本質」 99

戦争を動かした参謀という仕事

指揮官と参謀の条件――暴走をはじめる参謀たち
組織の命運を左右する人間的組み合わせ
参謀のタイプ別「失敗の本質」――日本軍最大の失敗

わたくしの八月十五日

終戦の記憶と平和への祈り 129

わたくしの体験した終戦――ひどく暑かった一九四五年の八月
「老兵」命がけの決断――平和への祈りを続ける

戦争で死ぬということ

戦死者をどう追悼すべきか 137

「戦争の死者」とはどういう存在か――戦争で死ぬということ
日本人は戦死者をどう悼んできたのか
合祀と死者の選別について――戦争犠牲者をどう追悼すべきか

第二部　この国の未来に伝えたいこと

信念をつらぬく覚悟を

陸奥宗光と外交の神髄　151

明治日本の悲願だった「不平等条約の改正」
陸奥宗光の登場　―　坂本龍馬にも認められた陸奥の才能
獄中で身につけた「政治の論理」―「カミソリ大臣」と呼ばれた男
伊藤博文との密談　―　遂に成し得た条約改正
日清戦争と三国干渉　―　信念をつらぬく覚悟を

正しいことを言う勇気

石橋湛山が思い描いた未来図　175

日清戦争と「外交的敗戦の体験」―　岐路をむかえる近代日本

国家のビジョンという難題 ― 日本の転換点と石橋湛山
正しいことを言う勇気 ― 石橋湛山が思い描いた未来図
言論の自由への揺るぎない信念

言論の自由をいかに守るか

権力とメディアの日本史 199
国家権力とメディアの歴史 ― 非情な「軍機保護法」の影
八十年前にも聞いた「危険な運用はいたしません」
権力を監視する役割を放棄するな
軍部にメディアが一丸となってたちむかった日
歴史に残るメディアの栄光と敗北 ― 言論の自由をいかに守るか

知識人の役目

小泉信三と戦後日本の精神 215
「勇気ある自由人」小泉信三 ― 戦後日本はどこへ向かうか

小泉先生との出会い——先生の説いたフェアプレーの精神
知識人の品格——「武士の一分」を立てる生き方
知識人の役目とは何か

語り継ぐこの国のかたち
司馬遼太郎の遺言 245
『この国のかたち』が問いかけること
日本の問題点が凝縮された『統帥参考』——憲法に託された思い
日本人が忘れてしまったもの——司馬遼太郎の遺言

日本の原風景をなくさない
宮崎駿の世界に寄せて 269
少年時代がつまった「トトロ」——昭和三十年代のうつりゆく日本
経済成長を追い求めて孤立する日本——日本の原風景をなくさない

新たな時代をどう生きるか

答えは歴史のなかに　285
なぜ歴史を学ぶのか　─　人間を知る
焼け野原の真ん中で　─　過ちの歴史をくり返さぬために

「国体」について　あとがきに代えて　295

解説　内田樹　306

第一部
戦争がこの国に遺したもの

日本のノー・リターン・ポイント

明治からたどる
歴史の転換点

人間がかわると、ものの考え方も変わります。
国家に目標がなく、
国民に機軸が失われつつある現在のままでは、
また滅びの四十年を迎えることになる。
次の世代のために、
それをわたくしは心から憂えます。

明治という時代をひもとく

日清戦争でも日露戦争でも、リーダーであった人たちを見ますとほとんど長州と薩摩です。日露戦争の海相だった山本権兵衛《ごんべえ》以下、海軍では薩閥《さつばつ》*1は非常にもてはやされています。しかしその一方で、いわゆる維新期の「逆賊*2」出身も多い。例えば秋山真之《さねゆき》は日本海海戦の作戦参謀として活躍しましたが、四国の松山の出身です。松山は親藩《しんぱん》として格付けされていましたから徳川よりの藩です。

それから山本五十六《いそろく》、これはちょっと時代が違いますが、長岡藩という賊軍藩の出身です。それに鈴木貫太郎《かんたろう》、終戦のときの総理大臣です。日清戦争、日露戦争をずっと戦った勇猛な人ですが、千葉県の関宿《せきやど》の出身、これも「逆賊」です。こういう人たちは薩長閥の圧迫を受けながら、ともかくも頑張って独自の道を拓く。鈴木貫太郎なんかは三回ぐらい「くそッ、面白くねぇ」と海軍を辞めようとしている。

明治時代は軍事的に言いますと薩長閥です。しかし、それを助けた人のなかに旧幕臣がかなりいます。そしてそのまねをやったのが、昭和戦前の日本です。海軍の場合は太平洋戦争直前には薩長閥が海軍中央（海軍省と軍令部）をおさえるんですが、山本五十六とか、仙台藩出身の井上成美《しげよし》海軍大将、盛岡藩の米内光政《よないみつまさ》、そういう人たちが、外にあって底のほうを支えていました。

その意味で、近代日本を作ったのが薩長閥ならば、その国を滅ぼしたのも薩長閥といえます。そして、むしろ敗亡に瀕した国を最後になって何とか救ったのが徳川方の旧賊軍藩出身の人たちであると言える。

明治から昭和という時代は、薩長閥がわが世の春を謳歌《おうか》した時代との認識があります。ところが、表層の薄紙を剝がしてみると、何層も重なった時代であったわけです。

軍部の暴走をゆるした統帥権

統帥権《とうすいけん》*3という化け物が昭和を滅ぼしたと司馬遼太郎《しばりょうたろう》さんは言っているわけですが、ではそもそもいつ統帥権ができ上がったかといえば、大日本帝国憲法ができる前です。

そこには、明治十年（一八七七）の西南戦争の経験があった。この戦いは薩摩の武士団と、新しい徴兵制による新政府軍との戦いです。明治新政府にとっては、徴兵した兵隊で負けるようなことがあったら、政府が倒壊しかねない。最新式の兵器をうんと外国から買って兵隊に持たせ、ともかく勝たなければいけないわけです。ところが、最新式の兵器をもった一連隊を右から左へ動かすためだけに、当時はいちいち政府へお伺いを立てなければいけなかった。政府が会議を開いて認可して、はじめて兵を動かすことができる。そのために臨機応変の迅速な対応ができなかった。

新政府軍は有栖川宮熾仁《ありすがわのみやたるひと》という皇族が総大将なんですが、参謀長に長州出身の奇兵隊上がりの山縣有朋《やまがたありとも》が就いた。

いちいち政府にお伺いを立てていたら作戦がうまく運ばなくなる。その弊害は西南戦争で露呈されたわけです。そこで、山縣有朋などの考えで、西南戦争の後、軍を天皇直属にして、いちいち政府に容喙《ようかい》させないような独立した体制にした。統帥権というものを天皇にあずけ、天皇が大元帥陛下になる。大元帥陛下から、陸海軍の参謀長に直接に命令が下される。つまり天皇直率《ちょくそつ》です。天皇の命令によって戦うわけですから、統帥権は天皇にあり、総指揮官はその委託を受けているという体制にした。これが明治十二年（一八七九）に確立します。

つまり、統帥権の独立というものが明治十二年頃に決められてしまう。憲法は明治二十二年に発布されますから、統帥権が独立してから十年後になるわけです。だから憲法には、「第十一条、天皇は軍を統帥する」、その次の条に「軍隊の編成権を持つ」「天皇は宣戦と講和の大権を持つ」。この二条しかない。戦争をするのも天皇、終戦・

講和をするのも天皇。

もうひとつ大事なことは、天皇陛下に上奏《じょうそう》申しあげるのは、内政と外交の場合は総理大臣以下閣僚ですが、軍のことや、作戦に関することは、すべて参謀総長ならびに軍令部総長の判断で大元帥陛下に上奏し内閣とは関係なくできます。この帷幄《いあく》上奏権の独立によって、政府の判断を受けることなしに直接大元帥陛下である天皇に上奏できることになった。陸海軍の作戦部は、自分たちの独自の判断で天皇陛下に上奏して、許可をもらうことができる。政府には海軍大臣、陸軍大臣はいますけれど、これはいわゆる軍政をやるだけで、実際の戦略や戦術のほうには介入できないのです。

統帥権問題は、国家の政策と軍の作戦計画とが合わない場合はどうするかなど、将来の大問題になることは間違いなかった。ところが、そのことについてはとにかく解決は後回しのこととした。その結果として後に軍部のコントロールが不可能になり、暴走をゆるすことになるのです。

天皇を国民統合の基軸に

明治新政府は日本を国家として独立させ、憲法をつくり、国民統合の機軸として天皇制を据《す》えたわけです。

明治二十二年（一八八九）の憲法を作ったとき、伊藤博文などが西洋を視察して、西欧諸国のように国家を動かす機軸、中心がなければならないと説きます。その中心は西欧の場合はキリスト教であると。しかし、日本の場合はまさか仏教というわけにはいかず、神道というわけにもいかない。そこで、万世一系《ばんせいいっけい》の天皇を機軸に置いて、それまで天皇家のお祭りだった、四方拝《しほうはい》、新嘗祭《にいなめさい》、神嘗祭《かんなめさい》などを国民へ下ろして、国民の祭日にした。

天皇と国民が一緒にお祭りをするという形で、国民のなかに天皇や国家というものを意識させ、国家統一を果たそうとした。これは、なかなかの名案です。

でもそのために、後には神と帝《みかど》が重ねあわされていく。日露戦争までの、いわゆる『坂の上の雲』の時代の人たちは、天皇を神にしようとまでは考えていない。山縣有朋たちは、天皇国家は自分が作ったと思っていますから、天皇を神とは考えていません。明治天皇は晩年、糖尿病にかかって、会議のときに、居眠りをされたらしいです。それで山縣有朋が、軍刀を床《ゆか》に打ちつけて天皇をたたき起こしたという。そういうような話も伝わるぐらいですから、天皇は自分たちが作ったと思っています。神にまつり上げようという意図はなかったと思うんです。

明治三十八年（一九〇五）、日露戦争で世界の五大強国のひとつである帝政ロシアを破って、日本は強国の仲間入りをしました。そこまでの歩みはなかなかのものです。臥薪嘗胆《がしんしょうたん》とか、富国強兵というスローガンを掲げて、それで司馬遼太郎さんの言葉を借りれば、坂の上の雲を求めて駆け上がっていった。しかし、残念ながらいろいろな大事な問題を解決しないで後回しにして、坂の上を走っていった面があります。

教育勅語と『坊っちゃん』

夏目漱石が『坊っちゃん』の第四章で宿直《しゅくちょく》の問題を扱っています。宿直のとき、坊っちゃんの寝床にバッタを入れる騒動を生徒が起こして、狸《たぬき》校長が飛んでくるわけです。それで、「なんだバッタ騒動か、ばかなことだ」と安心するんです。職員会議の場面で、ばか話、笑い話みたいに漱石は書いています。でも、実は宿直という制度を、かなり意識して批判的に書いている。そうわたくしは読むわけです。

わたくしが子供のころ、学校には必ず奉安殿《ほうあんでん》というものがありました。そこに天皇・皇后両陛下の御真影と、教育に関し賜《たまわ》りたる勅語《ちょくご》（教育勅語）というものが、しまわれていたのです。宿直はその奉安殿を守る制度だったのです。

教育勅語は明治二十三年（一八九〇）にできますが、御真影は明治二十一年ぐらいから始まっています。つまり、憲法を挟んで前後になる。そして明治二十四年ぐらいに、文部省が各学校に、明治天皇と昭憲皇太后の御真影、それと教育勅語の謄本（本物は宮内庁にある）を大事に守護するために校内一定の場所に、奉置してお守りすべしという省令を発する。学校はそれを守るために、一定の場所に置いて常に人を配したんです。これが宿直のはじまりです。

それでも、火事、水害があったり、地震があったりする。火事になったときに、ご真影と教育勅語を燃やしたばっかりに、校長が首になったり、宿直の先生が飛ばされたり、当時はよくあった話です。

明治三十一年（一八九八）だったと思いますが、長野県の上田小学校で火事が起きたとき、校長先生が飛んできて、火事のなかへ飛び込んで御真影と教育勅語を救おうとした。でも、もう無理だと止められて学校は焼け落ちた。御真影も教育勅語も焼けたと思ったその校長先生は翌朝、割腹して自殺したんです。実は早急に持ちだした人がいて焼けていなかったらしいのですが。

ところが、責任をとっての校長の割腹が新聞に大々的に報じられ、美談としてその校長先生は褒めたたえられた。「これぞまさに日本男子の誉《ほま》れなり」というわけです。

久米由太郎《よしたろう》という先生で、作家久米正雄のお父さんです。久米正雄は『父の死』という小説で作家になったわけですが、そのときのことを書いたのです。

そういうような事件が日本の各地で起き、その報道を漱石はみていた。そういうことに対する批判ということで、『坊っちゃん』のバッタ騒動を書くわけです。

このような状況を、きちんと批判する人は批判したのです。でも、そうした批判はあるものの、御真影を大事にし祝祭日のときに飾ることで、日本人としてのアイデンティティを国民に植え付けた。そういう形で国家作りをしたというのは、ある意味ではすばらしいことだと思うのです。

国を挙げて一生懸命になった時代

もうひとつ意識統合の具体的な例を挙げますと、万歳三唱です。

いまわたくしたちはよく万歳をやります。あの万歳は何かというと、もともとはバンゼイといって長寿を祝う言葉なんです。明治憲法ができたときに、お祝いに明治天皇がお出ましになるというので、東京大学の教授たちが何かしようではないかと集まった。ある先生が、いっそ万歳三唱というやつをやろうじゃないかと提案した。バンゼイでは調子が悪いから、これをバンザイと重箱読みにして威勢よく、ということに決まった。そこで、天皇陛下が宮城《きゅうじょう》からお出ましになる馬車を迎えて、その馬車の前で「万歳、万歳、万々歳」とやることにしました。ところが、その当日、声を揃えて「ばんざあい」といきなりやったから、馬が驚いて棒立ちになった。あわててみんな、後の「万歳、万々歳」をやめたという話がある。

それが万歳の最初、明治二十二年（一八八九）の二月十一日、憲法発布の祝賀会、その日のことです。これは、後の総理大臣、当時東大生であった若槻礼次郎もちゃんと書いています。

この万歳も後に、国家統合、国民意識生成のための手段としてしばしば行われるようになりました。そういうふうなことも幾つか考えると、明治時代の人たちは、国を独立させて諸外国に敗けない国家にするために、ありとあらゆる努力をしたということがわかります。あんなに国を挙げて一生懸命になった時代は、おそらくほかにはないでしょう。

根底に流れる攘夷の精神

明治国家成立までの基本は、外圧を打ち払うという攘夷《じょうい》思想[*4]です。

それで、薩英戦争[*5]をやったり、長州が四国の艦隊と下関で戦ったりしたが、どちらも完敗してしまう。とても攘夷なんてできない。今の国力では外圧を払うことなどできないと身にしみたわけです。山縣有朋は下関戦争[*6]の経験から、攘夷をするためには、逆に開国をせざるを得ないと考える。西洋の文明をどんどん取り入れて、国を強くして外国に対抗するというのが、彼らの一致した認識でした。そのために、西洋からありとあらゆるものを取り入れた。そのかわり、江戸時代のものは全否定です。ちょうど、終戦後の日本が、日本文化を全否定して、アメリカ文明を取り入れたみたいなものでしょう。

明治維新は、国内だけでみれば徳川の負けで薩長の勝ちと思いやすいですが、全体でみれば日本国の負けなんです、西洋文明に対して。

もちろん、当時の国内外の状況を考えれば、欧化政策を取り入れるのは、しようがないというより、不可欠なことであったと思います。特に軍事の整備は、完全に西洋を入れないと成り立ちません。軍艦にしろ大砲にしろ、機関銃、戦車にしろ、全て西洋からの輸入です。日露戦争当時の日本の主力の軍艦で国内で造ったものは一隻もないのです。

それなのに、いまだに、日本人の心の底にあるのはいろんなところで攘夷なんです。わたくしは、司馬さんに問うたことがあります。「司馬さん、日本人の心のなかは、本音を尋ねると攘夷の精神なんでしょうね」と。そうしたら、苦笑いしながら「そうねえ、日本人は心の地下を一尺掘ると、攘夷が顔を出すからね」と司馬さんはおっしゃった。

攘夷するために開国したわけだから、攘夷の精神は滅びていない。たとえば、昭和十六年（一九四一）十二月八日、太平洋戦争が起きたときに、亀井勝一郎さんという文芸評論家が「正に、明治維新以来、忍苦に忍苦を重ねてきた、耐え忍んできた日本人の攘夷の精神の表れだ」と書いています。亀井さんばかりではない、多くの知識人が同じ感想を残しています。太平洋戦争を迎えたときの日本人は、みんな喜んで感激し、興奮していた。あれはまさに、日本人精神の奥底にある攘夷の精神に火がついたものといえます。

漱石が予言した日本の凋落

ところで、さっきもふれたように、明治時代にはそれまで培《つちか》われてきた日本人の価値観が、大きく否定されるという側面があった。わたくしはあの時代の欧化政策はしかたがないと思いますが、あっさりいえば文明と文化を混同してしまったところに誤りも生じた。

維新のころに生まれた夏目漱石でも、永井荷風でもそうですが、当時の江戸人で「薩長の田舎者が、大事な江戸文化、日本文化をたたき壊して、ひどい国を作った」という思いを吐露している人は、たくさんいます。

漱石は、やみくもに欧化するだけということに猛反対するんです。あの人は汽車を盛んに書きますが、本当は汽車嫌いで、つまり、同じ車に人間をつめこんで、何も考えさせないでひとつの方向に持っていこうとしている、それが汽車だという。汽車に託して日本の欧風文明一辺倒を、「創意工夫が全くないじゃないか」「全部お仕着せでもって、古着を着てるだけじゃないか、模倣じゃないか」と小説のなかで盛んに批判しています。そして「そんなに西洋、西洋と、闇雲に取り入れて、日本人は一番大事なものを、失っているんじゃないか。それでいいのか」というようなことも言う。

よく引用される話ですが、『三四郎』の初めのところで、三四郎が九州から上京してくる。富士山を見て「いや、すばらしいな」と感嘆しますと、前に座っていた紳士が「ところが富士山は昔からあるものだ。昔からあるものでしか、日本人には自慢できるものはないじゃないか。何ひとつ、日本人が作ったものはないじゃないか」と言うと、三四郎が「でも、ますます、これから日本は発展するでしょう」と言います。「いや、亡《ほろ》びるね」とその紳士が言う。大日本帝国はそれから三十七年後にまさに亡びるわけです。

『三四郎』は明治四十一年（一九〇八）に書かれた小説ですから、漱石はもうそのころに、このままでは日本は亡びるということを予見していたのでしょう。

勝利病にかかった日本人

明治の時代が悪くなるのは、日露戦争に勝ってからです。

これが非常にいけなかった。勝ったことで勝利病にかかってしまった。成功体験というのは、日本人にはあまりよくないんです。

なぜ、よくないかというと、ひとつは、日露戦争の勝ちというのは、実は、本当は勝ちではないからです。本当は負けにひとしい。負けとは言わないまでも、あのまま続けていれば、満洲《まんしゅう》*7に行った日本陸軍は、完全にロシア軍にたたきつぶされ全滅しかねなかった。

旅順《りょじゅん》、遼陽《りょうよう》、奉天《ほうてん》の会戦、あらゆる戦いで、相当の数の人が死んでいます。特に、少尉、中尉、大尉クラスの前線の指揮官、最前線の指揮官たちがやられた。ロシアは、ハルビン会戦をやるつもりで計画的に撤退したようにも見え、もう一度戦う準備を進めていたはずです。向こうは大軍を集結します。比べて日本は、すでに気息奄々《きそくえんえん》の状態だった。

あのときに児玉《こだま》源太郎が「ぼやぼやしていないで、早く講和だ」と言ったのは当然なのです。賠償金はなし、樺太《からふと》の半分だけもらった。しかしポーツマス条約が結ばれた後、東京で大暴動が起きます。つまり、日本は勝った、勝ったと言いながら、思ったほど領土や賠償金がとれなかった。政府の情報操作が裏目に出て、国民は納得できなかったのです。それで争乱を起こしたのです。

しかし、事実はあそこでやめないと、次は必ず負けるという状況下にあり、しかも、戦費が二十億かかったんですが、その六割以上が借金だった。それにロシア陸軍の打撃は小さく、いつロシアが復讐戦をしかけてくるかもしれないという恐怖があった。その上、仮想敵国としてアメリカが登場してくる。だから軍も政府も、そういった真相をひた隠しに隠して、とにかく「国民よ、もう少し我慢してくれ、頑張ってくれ」と言わざるを得なかったのです。

ところが、日本国民は、大勝利の国民戦争と夢想し、うぬぼれのぼせていい調子になった。そして、世界に冠たる国家であり一等国民になったと自分たちを駆り立てていったのです。まさに夜郎自大《やろうじだい》の民族となっていった。

もうひとつ、戦争に勝って一番の弊害は、アジアの国々を下に見るような姿勢をとるようになったことです。

世界史のなかに日露戦争の勝利はさまざまな影響を及ぼしました。とくに日本人には日本を中心（盟主）とするアジアというものを作る構想、思想というのがそこから出てきた。それが後に大東亜共栄圏《だいとうあきょうえいけん》とか、八紘一宇《はっこういちう》*8とかいう言葉を生むわけです。

一方、戦争の直後はインドやビルマ、もちろん中国もそうですが、アジアの人たちを勇気づけたといわれます。植民地化されていた各国に、独立運動を起こそうという動機を与えたことは事実です。ただし明治四十一年（一九〇八）ぐらいになると、日本は突然、アジアの人たちを見下すようになるのです。それまでたくさん日本にきていた、中国やビルマの留学生なんかもみんな追い出してしまいます。日本の政策が、そのころに変わるんです。

そういう意味では、日露戦争の世界史的意義として、アジアの人たちを奮起させたということは挙げられます。ところが日本人そのものは勝ったために教訓を得なかった。間もなく、違う方向へ動き出すのです。植民地のアジア諸国と日本は違うんだという、うぬぼれが生じたことは否めません。典型的な勝利病の症状といえましょう。

日露戦争の勝利が生んだ暗い影

さらに言えば、日露戦争の論功行賞では、公侯伯子男《こうこうはくしだん》のいわゆる華族に、陸軍から六十五人、海軍三十五人、政府筋三十一人、計百三十人以上もの関係者が列せられた。文字通り、勝てば官軍です。乃木希典《まれすけ》は日清戦争後、男爵になっていましたが、二階級特進で伯爵になった。しかし、乃木を伯爵にするためには、そのとき一緒に戦った第三軍の参謀長、これは司馬さんが『坂の上の雲』のなかでも、無能だと書いている人ですが、伊地知《いぢち》幸介という少将をそのままにしておくわけにはいかない。そこで、旅順攻略戦の実相を秘して、男爵にしている。そういうふうに、日露戦争のまずいところを消して、みんなに爵位をあげてしまった。それも薩長の出身がほとんどです。本当のことを国民に隠しただけではなく、軍隊の内部でも粉飾が行われて、華々しい大勝利という「神話」だけが残っていった。

そしてその華々しい戦史を、その後の軍人たちは学んでいくわけです。薄氷《はくひょう》を踏むような戦いであったという事実はいつの間にかなくなり、残ったのは連戦連勝の大美談ばかりです。陸軍、海軍軍人は、みんないい気になった。つまり成功体験だけしか残らなくて、そこからしか学ばなかった人たちが、昭和を担った軍人たちなのです。戦争の真実を学ばなかった人たちが続出した。「勝てば官軍」と、日露戦争の勝利は、かなり危険な人たち、間違った判断をする人たちを、たくさん生んでしまった。

勝てば官軍という考え方は立身出世主義になり、それは後に学歴偏重主義になる。また、戦争成金がたくさん出ましたから、成金主義、金権主義、拝金主義が蔓延《まんえん》してくる。結果として、どうしたって享楽主義が出てくる。真面目さを失った、調子のいい日本人がどんどん輩出される。政府のお声がかりの三井、三菱といった財閥が出現して、貧富の差が膨れてくる。そこからこぼれ落ちた人が、厭世《えんせい》主義になる。閉鎖社会、階級社会が形成され、その一方、多くの若者を煩悶《はんもん》、厭世、絶望、虚無に追い込む。

今の日本も、バブルの最絶頂期まで達したときに、皆いい気になった。バブルがはじけたといっても、依然として同じような出世競争と金権主義と享楽主義は蔓延しています。成功体験のうま味がまだ残っている。

ちょうど、日露戦争後も同じだったと思います。

現代日本のあやうさ

繰り返しますが、日露戦争までの明治は、司馬さんが『坂の上の雲』でお書きになったように、ものの考え方、あるいは国家の運営の仕方にも、非常に真剣みがあって明るい。一番いい例が、日露戦争に一応は勝利して、そこでとにもかくにも国力を考えて停戦するという、あの判断です。なかなかあそこで決断してやめるのは難しい話です。そういうように、判断のなかに、真面目さがあった。ところが、あの後からの明治の日本は真面目さ、真剣さを失っていきます。

大体が基本的に、勝つとろくなことがない。逆境に耐えることには、真摯《しんし》な真面目さをみせる。しかし勝つと享楽的になったり、拝金主義的になったりする。それは太平洋戦争で負けた後、ものすごく頑張って高度成長期を呼んだときにも繰り返された。

今は、高度成長期がバブルを最後に終わって、負けてもないのに負けが込んできているような、でもまだ勝ちの名残があるような状態です。

明治は機軸に天皇制を置き、富国強兵を国家目標にしました。それは日露戦争で一応完成された。その後の日本は立憲君主制の天皇制という機軸にあき足らなくなり、天皇を神格化しようとしたんです。絶対君主としての天皇を置こう、と考えた人がたくさんいた。それを機軸に、世界やアジアに冠たる大帝国国家を作ろうという、うぬぼれのぼせた国家目標を置いたわけです。それが国を滅ぼした。

では、戦後日本の機軸は何かというと、平和憲法であったと思います。国家目標は、初めのころは文化国家だった。わたくしが中学三年生で終戦を迎えたときは、これから日本は文化国家を作るんだと思っていました。ところが、どこでどう間違ったのか、いつの間にか文化国家はやめて経済大国。ともあれ、目標を経済大国に置いて、平和憲法を機軸にとにかく国を作ってきた。

そしてGDP世界一位か二位の経済大国を作り上げてはみたが、その後は、となると、最近の日本には、国家目標がなくなった。また、長年の機軸であった平和憲法にも飽きてきたようです。ちょうど明治の後半から、立憲君主ではなく、機軸をもう少し強力な天皇にしようという動きがあったように、「平和憲法はもうだめだから、もっと強力なものにしよう」、そういうふうに思い始めているようです。

歴史の「四十年サイクル」

そのサイクルには、ある一定の年数があるんです。四十年ずつで大体日本人は変化を求めたがる。

これは、何度も書いたり喋ったりしているわたくしの持論というか仮説ですが、どこから始まるかというと、慶応元年なのです。

ペリーが嘉永六年(一八五三)に浦賀に来て、日本に開国を迫ります。幕府が京都の朝廷の許しを得ないで、開国してしまう。そこから尊皇《そんのう》攘夷運動が起きたわけです。薩英戦争とか下関戦争とかのあげく、攘夷はいまの国力ではできないと思い知らされ、とうとう京都の朝廷が開国としようと決めたのが、慶応元年。近代国家はそこからスタートしたと考えるのです。西暦でいうと一八六五年です。それから国家作りを始め、日露戦争に勝った。世界の堂々たる強国になり、独立国家を完成したのが、明治三十八年、一九〇五年なんです。ちょうど四十年です。そして、うぬぼれのぼせた日本が世界中を相手に戦争をして国を滅ぼしてしまうのが昭和二十年、一九四五年です。次の四十年にあたります。国を作るのにも四十年、滅ぼすのに四十年というわけです。

そしてその後六年間、占領があり、国家主権はなかった。で、昭和二十七年、一九五二年から、新しい独立国家として戦後日本の建設は始まった。その頂点が一九九二年です。バブルの最盛期が一九八九年の暮れ、日経平均の株価三万八千余円をつけたときですから。そのほぼ二年後、一九九二年にバブルははじけてしまう。やはり四十年です。

これは、四十年たつと世代が変わるせいかもしれません。日露戦争後の四十年の間に世代が交代して、維新を生き残って明治を作ってきた人たちがいなくなる。そして明治の栄光だけを担った人たちが、第一線にでてくる。戦中・戦後苦労して、苦闘して民主国家・平和国家を作ってきた人がほとんど去った後に、経済的な栄光だけ持った人が、二世三世となって跡を継いで各界のリーダーになったのと同じです。

人間がかわると、ものの考え方も変わります。この理論でいくと次の転機は二〇三二年ですが、国家に目標がなく、国民に機軸が失われつつある現在のままでは、また滅びの四十年を迎えることになる。次の世代のために、それをわたくしは心から憂えます。

＊1　**薩閥**　明治維新を主導した薩摩、長州、土佐、肥前四藩（現在の鹿児島、山口、高知、佐賀および長崎の一部）の指導者たちがそれぞれの出身藩を重んじて形成した派閥の内のひとつ。

＊2　**逆賊**　戊辰戦争（一八六八〜一八六九）で明治新政府軍（西軍）に対し敗北した、旧幕府勢力および奥羽越列藩同盟（東軍）を指す。

＊3　**統帥権**　軍隊の最高指揮権。旧憲法下では天皇（大元帥）陛下の大権として、政府や議会から独立したものとされた。

＊4　**攘夷思想**　外国との通商に反対し、外国人を撃退して鎖国を通そうとする排外思想。のちに天皇の権威を絶対のものとする尊王論と結びついて、討幕運動に発展した。

＊5　**薩英戦争**　文久三年（一八六三）七月、生麦事件の報復のため鹿児島湾に来襲したイギリス東洋艦隊と薩摩藩との間で行われた戦争。双方ともに甚大な損害が生じたが、同年十一月横浜で和議が成立、以後薩英は緊密度を深めた。

＊6　**下関戦争**　長州藩と、イギリス・フランス・オランダ・アメリカの列強四国との間で、文久三年と元治元年（一八六四）の前後二回にわたって起きた、攘夷思想に端を発する武力衝突事件。

＊7　**満洲**　中国東北地方の旧称。遼寧《りょうねい》・吉林《きつりん》・黒竜江《こくりゅうこう》の東北三省と内モンゴル自治区の一部にわたる。

＊8　**八紘一宇**　第二次大戦中、欧米の植民地支配に代わるアジア地域の新秩序（大東亜共栄圏）のためとして、日本の海外侵略を正当化するスローガンに用いられた言葉。「天下をひとつの家にすること」の意。

戦争のなかの天皇

明治天皇の御製にみる日露戦争

「国民よ、戦争に勝ったからといって驕《おご》ってはいけない。真の道を進んでいってくれ」

そういう明治天皇の思いが御製に込められていました。

しかし、日本人は「勝った、勝った」と

ほんとうにいい気になり、驕慢《きょうまん》になるいっぽうでした。

御製がうつし出す戦争の現実

日本の転換点となった日露戦争を語る上で避けて通れない方が、明治天皇です。かつては、明治天皇が日露戦争において様々な裁断を下し、戦争を勝利に導いたという「物語」が、広く知られていました。『明治天皇と日露大戦争』[*9]などという映画が作られ大ヒットしたことも年配の読者の方ならご存知でしょう。

しかし、言われているほど明治天皇は、戦争の細かな戦略などにかかわってはいません。山縣有朋や伊藤博文といった天皇より年上で、維新の生き残りである元老たちや、桂太郎、小村寿太郎《じゅたろう》といった次の世代の連中がすべてを仕切っていた戦争でした。

では、実際の明治天皇はどのように、国家の存亡を賭けた戦争に臨んでいたのか、そしてどのような行動をとったのか。当時の資料を使っていろいろの角度から考えてみると、定説がかなり誇大化されていることがわかります。

まず基本の資料になるものが『明治天皇紀』です。これは宮内省が、側近たちから話を聞き、日記や公文書などを集めて作り上げた唯一の公式な伝記です。天皇の行動に関しては、ここにすべて書かれているといってもいい。

そして、お気持ちを察するために一番大事な資料としたいものが御製《ぎょせい》（和歌）です。わたくしが子供の時分には、国語の教科書にも載っているぐらい、明治天皇の御製というのは有名なものでした。

こらは皆軍《いくさ》のにはにいではてて
翁《おきな》やひとり山田もるらむ

など今でも諳《そら》んじることができます。これも、日露戦争時の和歌で、子供が出征し残された親の気持ちを詠ったものだとすぐわかります。

調べてみると五十九年の生涯で、天皇は九万三〇三二首の歌を詠んでいるといいますから、単純計算で一日四首は作っていたことになります。あまりにも膨大な量ですが、一般に手に入りやすいものは、八九三六首を選び抜いて『類纂新輯《るいさんしんしゅう》明治天皇御集』（明治神宮）としたものです。

御製にざっと目を通してみると、何年何月に詠んだと日付がはっきりわかるものは限られています。わかっているものに限ってみると、最も多く作ったのは明治三十七年（一九〇四）。日露戦争開戦の年です。この年に、心が動かされることが、次々起こったと想像することができます。とはいうものの戦争そのものを詠んだものはごく少なく、花鳥風月であるとか、身の回りのことを詠んでいるものが多いのです。明治天皇は大変和歌が上手な方ですから、どのようなものでも形が整っています。ですから日露戦争前後の年表と照らし合わせながら天皇の歌を見て行くと、その心が見えてくるのではないかと思うわけです。

日露戦争にいたる道のり

少し時間を戻して、開戦前の明治天皇の心情を読み解いていくことにします。

日本と帝政ロシア（以下ロシアとする）との利害関係がとくに切迫するようになったのは、明治三十三年（一九〇〇）に清で起こった義和団《ぎわだん》の乱[*10]です。この結果で各国が北京に軍を置くようになるのですが、ロシア軍はこの機に満洲を占領してしまおうと企みました。欧米各国はいっせいに撤退したほうがいいのでは、という話し合いをしますが、ロシアは聞く耳をもたなかった。この辺りから、日本は急激にロシアを〝敵〟と見なしていきます。

日露戦争への道が一気に動きはじめたのは、結果的にみると明治三十五年（一九〇二）一月三十日に結ばれた日英同盟だとわたくしは考えます。この日英同盟によってほぼ日露戦争はスタートをきったといってもいい。

この同盟を知ってロシアは相当に困惑したことでしょう。どの程度、イギリスが日本に肩入れするかがよくわからないですから。いま思うと日本にはいうならば大儲けの同盟だったわけです。

早速、その成果が表れたのが、四月五日の露清条約（満洲還付条約と日本ではよびました）です。その内容は、満洲に駐屯《ちゅうとん》しているロシア軍がシベリア方面に撤退し、それは三期に分けて徐々に行うというものです。

日本人は政治家も新聞も民草《たみくさ》も、これでロシアとの好まざる戦争をしなくて済むということで非常に喜んだのです。

その年の十月五日には、ロシア軍の第一期の撤退が実行されます。このときはロシア軍は約束を守った、とますます政府も国民も喜びで沸き立ちます。明けて明治三十六年の御歌会始《かいはじめ》で、明治天皇はこのような和歌を詠みます。

たちかへる一年の朝日に梅のはな
　かをりそめたり雪間ながらに

誠に静かな和歌です。朝、梅の香りが冷たい雪のなかからほのかにただよっているという意味のものですが、この冷たい雪を日露関係と考えれば、戦争が回避されたことを天皇も喜んでいると読むこともできます。「雪間ながらに」にはそれが長くつづくように、との祈りがこめられているのではないでしょうか。

そして、このとき、皇后はこう詠まれた。

いくさふねいかりおろしてあた浪も
音せぬ御代の年いはふらし

戦争の脅威が去って、晴れやかになった気持ちが伝わってくる実にいい和歌です。いくさふねとはそのまま軍艦という意味ですから現代人にもわかりやすい。

日本の世の中全般も落ち着いてきて、たとえばこの時期に皇太子の宮殿の造営が始まったりもするのです。本当に戦争が差し迫っていると感じたら、お金はほかのことに使うはずです。ですから天皇をはじめ皇室も政府も、戦争が回避されたと喜んでいたことはまず間違いないでしょう。

このまま、ロシア軍が約束を守って第二期、第三期と撤退してくれれば、平和がきて日露戦争が起こることはなかったでしょう。しかし、現実はご承知の通り日本国民の思ったとおりにはいきませんでした。

暗雲立ち込める満洲情勢

第二期の撤退の期限である四月八日がくるとロシアは軍隊を満洲から動かすそぶりは見せますが、結局どっといったん撤退した兵力が満洲に戻ってくる。ロシアは清国に、我々の鉄道を馬賊の連中が襲う、これじゃ撤退はできないと、なんだかんだと理屈をつけて去ろうとしないのです。それどころか、むしろ軍備を増強していることがわかります。

日本政府が、これを知って緊急の会議を開いたのが、四月二十一日のこと。ちょうど、明治天皇が、京都御所に滞在していたときで、兵庫の海軍の観艦式や、大阪で行われている内国勧業博覧会に行幸《ぎょうこう》していました。

政府の首脳たちも京都におり、元老の伊藤博文、同じく山縣有朋、首相の桂太郎、外相の小村寿太郎の四人が、山縣の別荘「無鄰庵《むりんあん》」に集まり、この問題について話し合いました。

このときの会議の内容は、のちのちまで尾をひくことになります。まず、ロシア軍の撤兵の不履行への抗議をすることにします。それから、もしロシアが満洲からさらに南下し朝鮮半島にまで入ってくるようなことがあれば、日本は戦争を決意せざるを得ないということをひそかに決めました。

出席した桂や小村はこの時点で、「このままでは戦争しかない」という覚悟を固めたようです。一方の伊藤や山縣は戦争をしないでなんとか解決するべきという気持ちが強かった。陸軍の大山巌《いわお》や海軍の山本権兵衛も戦争には反対でした。しかし、ロシアとの開戦に反対の彼らの頭のなかにも「戦争」という二字ははっきりと浮かび始めていたはずです。それほど、この撤退の不履行と無鄰庵会議の意味は大きかった。

五月に入ると最も恐れていた事態が発覚します。なんと、四月にロシアの兵隊が鴨《おう》緑江《りょっこう》*11を越えて朝鮮半島に侵入し始めているというものでした。

この時期、満洲にロシア皇帝ニコライ二世の肝いりで設立された木材会社がありまして、それが鴨緑江周辺で活動していました。その会社は国費も投入され、ニコライ二世自身も出資した立派な国策会社で、その利権を確保するために軍隊が動員されていたのです。

朝鮮半島に進出したこの会社を守ると称してロシア軍は電線を架設したり、土地を買収して兵舎を建設したりと、その進出の度合いを強めていきます。

ついでにいうと旅順港にいたロシア海軍も海上に出て訓練をし始めます。これは日本にとってみれば明らかに戦争を準備しているとしか見えない。この情報を手にした一部の新聞なんぞは、盛んにロシアとの開戦を煽《あお》っていきます。

平和的解決を切望した明治天皇

六月二十三日に第一回の御前会議が開かれます。この会議で決まったことは、この局面を打開するため直接ロシアとの外交交渉を行うということでした。こういう交渉、いいかえると談判は、決裂した場合確実に戦争になります。それだけの重い決断を、この御前会議で決めたのです。

これは後の話になりますが、太平洋戦争が始まる直前の昭和十六年（一九四一）七月にも御前会議で日米交渉を行うことが決定されました。結果は、ご存知の通り決裂して、五か月後には戦争に突入していきます。つまり、対立している国同士の直接交渉は、戦争と紙一重ということができるのです。

明治天皇は、この御前会議で日露交渉の開始を裁可し、なんとか外交によって解決することを望むといいました。ここからわかる通り天皇は、かなりの非戦論者だったのです。

政府は、腰を入れて外交交渉を始めます。日本側は条件を書いた文書をロシアに送りましたが、なかなかこれに返事を寄こさない。ロシア側は「皇后陛下がご病気で、皇帝陛下は政務を取られない」なんて理由をつけたりしますが、日本側にしてみれば戦争のための引き伸ばし工作にしか見ることができない。もちろんこの間も、ロシアは満洲の軍をどんどん増強してきています。

この交渉の過程は、すべて天皇に伝えられていました。天皇は、外相の小村をそのつど激励し、自分は平和的な解決を望んでいることを繰り返し伝えます。

秋、そして冬に入っても交渉はさっぱり進展しません。日本側は最終的に朝鮮半島さえ守れれば満洲にはこだわらないという原則から、様々な譲歩を行い、何度も修正案を提出していました。しかし、ロシア側は、聞く耳を持たずでなかなか色よい回答を寄こさない。

天皇が前途を案じているこのころのいい歌があります。

　民のため心のやすむ時ぞなき
　　身は九重の内にありても

この年末には陸軍の児玉源太郎と海軍の山本権兵衛が秘密裏に会談し、開戦に向けて陸海軍の協力を約束していきます。軍部は、もはや開戦を避ける気がなくなっていました。

年が明けて明治三十七年（一九〇四）一月十二日、四度目の御前会議が開かれます。この会議で、海軍大臣の山本権兵衛が戦争を避けることは難しいとの意見を奏上し、桂太郎首相がロシアとの国交断絶案を天皇に提出します。伊藤博文、山縣有朋、松方正義《まさよし》といった元老たちも、それぞれ政府提出案のご裁可を願う発言をします。無鄰庵の会議では、できるだけ戦争を避けるべきと考えていた伊藤や山縣も、ことここに至っては開戦も仕方がないと思うようになっていたのです。

ところが、これらをすべて聞き終えた明治天皇は、

「しかし、なお外交交渉を続けよ」

と発言します。内閣、軍部、元老と日本の政府中枢の人間がこぞって開戦の方針を指し示すなか、天皇ひとりだけがこれに反対していたのです。

正確な日付がわからないのですが、このころ、こういう歌を詠まれています。

思ふこと貫かむ世をまつほどの
月日は長きものにぞありける

これなどわたくしが読むと、政府の人間たちが開戦を主張するなかにあって、一縷《いちる》の望みを外交交渉にかけた明治天皇の強い思いが伝わってくる歌だなあと思います。

開戦決定で流された涙

なおも交渉は続けられますが、ロシア側の強硬きわまりない態度に、二月三日午前、首相官邸に集まった首脳陣は、ロシアへの最後通牒《つうちょう》を出すことを決めます。桂首相と小村外相はそのまま参内《さんだい》し、ロシアとの開戦を決定するために御前会議を開くことを上奏します。天皇は、会議を開くことは許可しましたが、開戦に関してはなおはっきりとは返事をしませんでした。

午後、旅順のロシア艦隊が港を出てどこかに向かったという報を耳にした山本海相が急きょ参内し、すぐにでも開戦すべきと奏上をします。のちにこれは訓練のためだったことがわかりましたが。

このころになると、政府や軍の指導者はもう順番で皇居に押しかけて、なんとかして開戦の裁可をもらおうとなりふり構わず天皇に強いことを奏上します。

山本海相が退出すると天皇は、伊藤博文を呼び出します。そして、どうも今日の山本の言動はもう戦うしかないと決めているようであり、心配である。伊藤から今一度山本の考えを聞いてほしい。それを確かめてから、御前会議に臨みたいと伝えます。

翌二月四日の早朝、伊藤を改めて呼び出した天皇は、自らの居間に通します。これは、驚くべきことです。天皇が親しく、プライベートな空間に招き入れたのですから、よほど政府や軍部の真意を知りたかったのでしょう。伊藤は改めて「開戦のほかに策はありません」と天皇に伝えました。

そして、午後二時二十五分、運命の御前会議が始まりました。

実はこのとき、天皇は風邪をひいていてかなり体調が悪かったようです。『明治天皇紀』には、わざわざ「時に天皇、数日来の感冒猶《なお》未だ全癒に至らせられざるも、出でて之《こ》れに臨みたまふ」と記されています。食欲もなかったようで、これも心労からくるものなのでは、とわたくしは想像してしまいます。

戦費の問題などで詰めの議論が行われましたが、開戦の方針に変更はなく午後四時三十分、伊藤が天皇に開戦の裁可を促し、天皇はこれを了承。日露開戦が決定しました。

開戦が天皇にとって苦渋の、やむを得ない決断であったことは、これまでに見てきたとおりです。この日、内廷に戻った後の言葉と行動がその事実をよく伝えています。

少し長いですが、『明治天皇紀』から引用します。

「今回の戦は朕《ちん》が志にあらず、然れども事既《すで》に茲《ここ》に至る、之《こ》れを如何《いかん》ともすべからざるなりと、更に独り私語をしたまふものの如《ごと》く、語を継ぎて宣《のたま》はく、事万一蹉跌《さてつ》を生ぜば、朕何を以《もっ》てか祖宗《そそう》に謝し、臣民に対するを得んと、忽《たちま》ち涙潸々《さんさん》として下る」

ロシアとの開戦が決まった後、揚々と引き揚げた政府や軍の重鎮たちとは対照的に、最高指揮官である明治天皇は、この戦争は自分の志ではないと涙をはらはらと流していたのです。記述は続きます。

「是《こ》れより天皇、宸衷《しんちゅう》を悩ましたまふこと殊に甚《はなは》しく、夜々寝に入りたまふも、眠安らかなる能《あた》はず、朝夕の饍御亦《また》多く旨味を覚えたまはず、日を経て頗《すこぶ》る健康を害《そこな》ひたまふに至る」

心労のあまり夜も寝つけず、食事も満足に喉を通らず憔悴《しょうすい》しきっている姿が、ありありと記されています。

その頃の和歌にこのような一首があります。

ゆくすゑはいかになるかと暁の
ねざめねざめに世をおもふかな

とてつもない消耗戦

明治天皇が開戦のそのときに、詠んだ和歌を探してみたのですが、これがどこにも見当たりません。どうも明治天皇という方は開戦といったようなときに、自分の気持ちをあらわにするようなことはしないようなのです。

ところで、よく開戦のときの心情を表した和歌として、

四方《よも》の海みなはらからと思ふ世に
など波風のたちさわぐらむ

という一首が取り上げられます。太平洋戦争の開戦直前に昭和天皇が、戦争を外交交渉によって回避させるべくこれを引用したので有名な歌でもあります。わたくしはどうもこれは日露戦争時の明治天皇の歌ではないのでないか、という説をとっています。実際、年号などが書いていないために推測の域をでませんが。では、いつ詠まれた歌かと問われれば、明治十年（一八七七）の西南戦争のときの和歌ではないかと答えます。

薩摩の西郷軍が立ち上がって、新政府軍を指揮するため天皇は京都に行きます。そこで、毎晩側近たちを相手に大酒を飲んでおりまして、そのときに作ったものと考えられるのです。句のなかにある「はらから」＝「同胞」です。ロシアを「同胞」と解釈するのは不自然ですが、これが、西郷さんだったらしっくりはまるのです。それまで、一緒に新国家をつくってきた維新の元勲《げんくん》ですから。この和歌は西郷を想って詠んだものだという説にわたくしは同意しています。

さて、戦争は海軍の奇襲攻撃によって幕が開き、二月十日に宣戦を布告します。天皇は肋骨のついた旧式の軍服を夏冬変わりなく着ていたといいます。どんなに暑くても不平をいうことはありませんでした。これを証明するかのような和歌があります。

暑しともいはれざりけり戦の場に
　あけくれたつ人おもへば

侍従武官長だった岡澤精《くわし》大将は、戦時中の天皇についてこう回想しています。ご就寝は十二時で朝は六時に起床。夜半にくる電報については「いつでも起こすがよい」とおっしゃっていたようです。志とは違った戦争でしたが、はじまった以上はその成り行きをもっとも気にしていたことがよくわかります。
こうい う和歌が遺されています。

戦の場《には》のおとづれいかにぞと
ねやにも入らずまちにこそまて

一進一退を繰り返していた南山《なんざん》の戦いや遼陽会戦の時期じゃないかとわたくしは考えています。戦況を気にして夜も眠れないという毎日については、本当に多くの和歌を詠んでいます。

夢さめて先づこそ思へ軍人《いくさびと》
向ひし方のたよりいかにと

ですとか、

わがこころ千里の道をいつこえて
軍の場を夢にみつらむ

というふうに毎夜毎夜夢に出てくるほど戦争の行方を気にかけていたのでしょう。

海軍を詠んだことがわかる和歌もあります。明治三十七年（一九〇四）ということだけがわかっているものですから、黄海《こうかい》海戦か蔚山沖《うるさんおき》海戦のころのものでしょうか。

荒波をけたててはしるいくさぶね
いかなる仇かくだかざるべき

ロシア海軍は日本の商船への攻撃も行っていました。佐渡丸という船が沈んだという報を聞いてこう詠んでいます。

戦のにはにもたたであた波に
沈みし人の惜くもあるかな

日露戦争というのはとてつもない消耗戦でありました。毎日のように戦果の報告を受けていた天皇ですから、その一つひとつの報告の陰に多くの国民の犠牲があると感じていたはずです。

冒頭に紹介した和歌もそのひとつですし、他にもいくつかありますが、代表的なものを挙げてみましょう。

老人を家にのこしていくさびと
　国のためにいづるをゝしさ

ほかにも、

民草のうへやすかれといのる世に
　思はぬことのおこりけるかな

というものがあります。この「思はぬこと」ですが、わたくしはウラジオ艦隊が突如東京湾の沖に現れた事件じゃないかと推測しています。こういう和歌を次々と詠んで、天皇は国民一人ひとりへの気持ちを表していたようです。

容易に喜びを表さず

天皇の側近だった日野西資博《ひのにしすけひろ》の、非常に興味深い証言が『「明治天皇紀」談話記録集成』という書物に載っています。多大な犠牲を払っても陥落しない旅順について天皇は、

「旅順はいつか陥落するに違いないが、あの通り兵を殺しては困った。乃木もよいけれども、ああ兵を殺すようでは実に困るな」

とたびたび語ったというのです。

年が明けて明治三八年（一九〇五）、一月一日その旅順がついに陥落しました。その日のことは、『明治天皇紀』にわざわざ細かく記されています。報を受けた参謀次長の長岡外史《がいし》が、車で宮中に参内すると天皇はちょうど朝拝の式に臨もうと、廊下を歩いているときだったそうです。天皇は廊下を歩いていましたが、踵《きびす》を返し会見所へ向かいます。そして、長岡の報告にとっくりと耳を傾けました。このときの天皇の様子は、こう伝えられています。

「天皇天賦沈著《ちんちゃく》、喜怒容易に色に見《あら》はしたまはず」

とくに喜びも表すことがなかったようです。これにはちゃんと裏がありまして、陥落が伝わるとすぐに参謀総長の山縣有朋が宮中に電話で報告をしていたのです。そのときには天皇は山縣に「敵将ステッセルが祖国のために尽しし苦節を嘉《よみ》し、武士の名誉を保《たも》たしめん」と言葉を下したといいます。これが、有名な水師営《すいしえい》の会見につながっていったのでしょうか。

容易には喜びを見せなかった天皇ですが、内心では喜んでいたとわかる和歌もあります。

あたらしき年のたよりにあだのしろ
ひらきにけりとつたへきにけり

まあ事実そのままを並べただけの和歌ですが、天皇の気持ちをストレートに表しているものと言っていいでしょう。具体的に戦場が特定できる和歌がないなかで、旅順だけはそれとわかります。これは本当に珍しいことです。乃木のことや多くの国民の犠牲などに強く心が動かされたのでしょう。旅順攻略戦を詠んだのではないかと思われるものは他にもあります。

国のためいのちをすてしもののふの
魂や鏡にいまうつるらむ

旅順、遼陽と多くの犠牲を払いながら、陸軍は満洲を北へ北へと向かい奉天の決戦を迎えます。

木のもとに出づればまづぞ待たれける
　花みてあそぶ春ならねども

奉天の戦いは三月十日に行われましたから、ちょうどそのころのことでしょう。それでそれと察せられます。ところが、残念ながら、海軍の一大決戦だった五月二十七、八日の日本海海戦については、それとわかるような和歌がのこっていません。野球でいうパーフェクトゲームといってもいい大勝利に、何の感激もないはずはないのに。

日露戦争の終結と国民への思い

このころになると天皇以下、桂総理や閣僚、そして軍の指導者たちの関心は戦争をいかに終わらせるかに集中していきます。

日本海海戦の勝利が確定したのが、五月二十八日でしたが、六月一日にはアメリカ大統領のセオドア・ルーズベルトに講和の仲介を正式に依頼します。もちろん、明治天皇の意向が大きく働いていました。

七月六日、アメリカに向かう講和全権委員の小村寿太郎に天皇は、「平和を永遠に恢復《かいふく》するの目的を達せんことを努めよ」と勅語を賜います。

これはのちの太平洋戦争と大きく違う部分でしょう。詳しくは次の項でも触れますが、天皇に嘘の報告を繰り返す昭和の軍部と、正直に戦局を報告する明治の軍部の差がこういう部分にも表れています。天皇はもはやこれ以上戦いをつづけるために日本に出すべき戦力のないことを十分に知っていました。ですからこの機を逃さず和平を結ぶべきだとしたのです。天皇は、日本海海戦の大勝利に酔うこともなく、冷静に情勢を見ていたことがわかります。そして九月四日、日本はポーツマスで何とかロシアと講和条約を結ぶことに成功します。多くの犠牲を払った戦争が終わって、天皇も本当にほっとしたのであろうことがよくわかります。

さまざまにもの思ひこしふたとせは
　あまたの年を経しここちする

この二年間、天皇はこの国の行方を心配し続けた歳月だったのです。それゆえに長い年月を要したような気持ちである、と。

たたかひのうへに心をつくしつつ
　年のふたとせすごしけるかな

こういう歌を読むと、単に花鳥風月を詠むだけではなかったことがわかります。おかげで、百年後のわたくしどもが、明治天皇の心の一部に触れることができるのです。

先ほど、紹介した側近の日野西はもうひとつ面白い証言を遺しています。天皇は皇居のなかに、戦死・戦病死した将校は写真を、兵士は名簿を収める場所を作り保管していました。日露戦争では、十万を超える戦死・戦病死者が出ました。日野西は、人々の名前を書き記した巻物や法帳を天皇に手渡していたそうです。すこし長いですが、日野西の証言を引用します。

「私が（巻物を）持って出ますると、お見落としなく残らずご覧遊ばしまして、殆ど名前を読むように、十何万人というものを一兵卒までご覧になりまして、中に『佐藤という名前の者が大変沢山あるな』とか『加藤という名前が多い』とか、名前の訓《よ》み難いのがございますと、『此《この》名は何と訓むか。これはどういう意味か誰かに尋ねてみよ』という御沙汰で、聞きますようなこともあります」

明治天皇は、戦争で死んだ一兵卒に至るまで、すべての民草の名前を読んでいるのです。こういう話を知るにつけ、自分の志とは違った戦争ではあったけれど、国民に対しては、深い思いがあったことが伝わってきます。

むかしよりためしまれなる戦に
おほくの人をうしなひしかな

明治天皇の残した警句

最後にとても興味深い和歌を紹介しておきます。

おのづから仇のこころもなびくまで
まことの道をふめや国民

ポーツマス条約でロシアから領土や賠償金を取れなかったことに激怒した国民は、日比谷焼打ち事件を起こしました。この報を聞き、詠んだものだと考えられます。「国民よ、戦争に勝ったからといって驕《おご》ってはいけない。真の道を進んでいってくれ」、そういう明治天皇の思いが込められた、日露戦争を締めくくるにふさわしい和歌ではないでしょうか。しかし、日本人は「勝った、勝った」とほんとうにいい気になり、驕慢《きょうまん》になるいっぽうでした。夜郎自大になった国家が、このあとどんな道をたどったか。それはもう書きたくはありません。

＊9 **『明治天皇と日露大戦争』** 昭和三二年（一九五七）公開の、新東宝製作による戦争映画。渡辺邦男監督、嵐寛寿郎《かんじゅうろう》主演。

＊10 **義和団の乱** 日清戦争後、反帝国主義運動団体の義和団が、困窮する農民を集めて起こした排外運動。各地で外国人やキリスト教会を襲い、明治三三年（一九〇〇）、北京の列国大公使館区域を包囲攻撃したため、日本を含む八か国の連合軍が出動してこれを鎮圧。翌年、講和を定めた北京議定書の締結により中国の植民地化がさらに強まった。

＊11 **鴨緑江** 北朝鮮と中国との国境を流れる河川。長さ七九〇キロメートル。白頭山に源を発し、南西に流れて黄海に注ぐ。

過ちがくりかえされる構造

ノモンハン事件と日本的思考

「起きると困るようなことは起きない
ということにする」というような、非常識な意識。
それと同時に、失敗を率直に認めず、
その失敗から何も教訓を学ばないという態度。
そうした傾向がどうも日本人のなかにあります。

二十年前になりますか、『ノモンハンの夏』という本を書きまして、かなり多くの方に読まれたようであります。その「ノモンハン事件」についてこれからお話を申し上げたいと思うのですが、その前にこの本を書いた経緯といいますか、司馬遼太郎さんのお話を、最初に少しさせていただきます。

参謀本部の真実

司馬さんは、『坂の上の雲』という小説で明治時代を書きまして、それからさらに近代日本の後半、つまり大正、昭和に関する小説といいますか、とにかく何か身近な時代を書こうというご意図がありました。

「大正、昭和、つまり現代の日本を書くのに一番いいのは参謀本部*12ではないだろうか。参謀本部を書くことが近代日本というものを理解するのに一番わかりやすいのではないだろうか」ということを司馬さんはお話しになっていました。わたくしなどは、「だけれども、参謀本部というのは明治の時代からあるわけですから、この歴史を書くのは大変なことになりますな」というような話をしていたのです。

それから何年かたちましたら、司馬さんは急に、「参謀本部全部を書くのはとても無理であるから、昭和十四年に起きたノモンハン事件というものを主題にして、ここで何が起こったかということを書けば、参謀本部そのものを書いたことにもなるのではないかと思う。したがって、参謀本部の歴史ではなくて、ノモンハン事件を書くことにするよ」と、そういうふうに言われました。

そして司馬さんは、例によって例のごとくという言い方はおかしいのですが、資料をどんどん集めまして、そしてノモンハン事件の生き残りの方もまだ数多くおられましたので、その方々にお会いする。あるいは、当時の陸軍の参謀本部の作戦課にいた方も、生きている方がおられましたので、その方々の話を聞くというようなことも随分なさいました。わたくしもお手伝いをいたしまして、何人かの昔の参謀と司馬さんが取材をするのを、そばで聞いていたりしたことがあります。

ノモンハン事件のたった一人と言ってもいい、連隊長クラスの生き残りの方が、長野県の温泉におられました。須見《すみ》新一郎さんという方です。歩兵第二六連隊の連隊長であったのですが、この方にもお会いしまして、司馬さんはみっちりと話を聞いた。

準備は十分できたので、一歩踏み出せば、そのままお書きになるのではないかと思っていたころになって、司馬さんが急に「ノモンハン事件は書かないよ」と言い出したのです。

司馬さんはなぜノモンハンを書かなかったのか

なぜ書かないのか。「これだけ準備はできているのに」と言っても、「とにかくもうその話はするな。ノモンハン事件を書くということは、おれに死ねということと同じだ。だから、もうノモンハンの話はするな」というような話を、司馬さんはなさいました。

結局、司馬さんは、ノモンハン事件について、あれだけお調べになったのに、ついに一行もお書きにならない。ただ、エッセーとか、その他のところでノモンハンに触れて、あるいは日本の参謀本部に触れ、あるいは日本の戦車に触れて、幾つかのことはお書きになっていますが、まとまったものとしては、ついにノモンハン事件をお書きにならなかった。

よく、「なぜ書かなかったんでしょうかね」と、わたくしに聞く方が多いんですね。わたくしも、自分で実際問題、司馬さんからその胸の内を聞いて、なぜ書かなかったという理由をはっきりと聞いたわけではないのですが、察するにといいますか、多分こうではないかということを推察いたしました。

そのひとつに、こうではないか、と思うことがあります。その後司馬さんがお亡くなりになって、大阪でお別れの会がありました。その会に参加しまして、司馬さんのお写真が掛かっているところに、お花を捧げてお別れしたのですが、そのときに司馬さんのお顔を見ているうちに、司馬さんが書かなかったんだから、僕が勝手に書きますぞということを、司馬さんの写真に言いまして、それでわたくしは『ノモンハンの夏』という本を書いたわけです。

自分で書いてみてわかりました。ノモンハン事件の当事者たち、つまり参謀本部の作戦課の人たち、あるいは関東軍の作戦課の人たちというのが、いかにもこれは司馬さん好みの人ではない。司馬さんというのは、どちらかというと、坂本龍馬にしろ、河井継之助《つぎのすけ》にしろ、土方歳三《ひじかたとしぞう》にしろ、司馬さんが小説でお書きになっている主人公というのは、みんな颯爽たる心根といいますか、清潔な精神の持ち主でありまして、それこそ、先見性があり、しかも世の荒波にも決して屈することなく、自分の信ずるところに対してまっすぐに進んでいくような方ばかりが小説の主人公であるわけでありますす。

ああいうさわやかな人たちと付き合うのと違いまして、司馬さんがノモンハン事件を書いたとすれば、五、六年以上は、毎日毎日その参謀たちと付き合うことになるわけです。原稿を書くというのはそういうことです。その前に、事実を調べている期間が五、六年以上あるわけですから、約十年以上の年月を、関東軍の参謀、あるいは参謀本部の作戦参謀たちと付き合うことになるわけです。この人たちとは司馬さんはとても付き合いきれないのではないかと。司馬さんが一緒になって十年近くも、この人たちと本当に親身になって、紙の上ですが、話をできるような人たちではないのではないかと。だから、「このノモンハンを書けば、おれに死ねということだ」と司馬さんは言ったのではないかと思ったわけです。

ただ、それはわたくしの推測であります。多分そうではないだろうかと思った。ところが、あるとき、司馬さんの東大阪のお宅に伺って、またノモンハンの話をちらっとしましたら、「もうやめろ。その話はなしにしよう」と、強い口調で言われました。「でも司馬さん、せっかくあそこまで調べたんだから」と言いましたら、「実は書けないいんだ。書けない理由がひとつあるんだ」と言って、そのときわたくしに「この手紙を見ろ」と言って、手紙を一通見せてくれたのです。「その手紙、読んでいいんですか」「いい」と言うから読みましたら、先ほど少し申しました、たった一人の生き残りと言っていい、須見元連隊長からのごく短い手紙でした。

その文面を全部記憶しているわけではなくて、その大意だけ申し上げますが、その手紙のなかに、須見さんは、「司馬さんという人を信じて、何でもお話ししたが、あなたは私を大いに失望させる人であった。したがって、今までお話ししたようなことは全部なかったものにしてくれ。私の話は全部聞かなかったことにしてくれ」という趣旨でした。

その理由は、「あなたは、『文藝春秋』の誌上で、瀬島龍三元参謀と実に仲良く話している。この瀬島のような、国を誤った最大の犯罪人と、そんな仲良く話しておられるあなたに対しては、私はもう信用おけない。昭和史のさまざまなことをきちんと読めば、瀬島によって代表されるように参謀本部の人たちが何をしたかということが明瞭である。そういう人たちと、まるで親友のごとくお話ししているのは許せない」というような文面でありました。

この手紙を読みまして、あ、これでは司馬さんはノモンハンを書けないなと思いました。というのは、想像ですけれども、司馬さんがお書きになるとすれば、その須見新一郎という連隊長。この連隊長は、ノモンハン事件の最初から最後まで、本当に第一線で勇猛果敢に戦った方です。しかも上層部への批判には容赦が無かった。しかしながら、戦死しなかった、というとおかしいのですが、生き残ったということで、その後、さながら卑怯者呼ばわりされまして、陸軍から追われたというような立場の人です。あんなに勇猛に戦った方が陸軍から追われるということは、それ自体がもう既に、当時の陸軍は何をしているのかということの証拠ですが、とにかくそういう立派な方です。

ですから、司馬さんは多分、この須見さんを主人公にして、いわゆる司馬さん好みのさわやかな、批評精神を持った軍人としてお書きになるのではないかなと、わたくしは思ったわけです。ところがその方から、そういうふうに絶交状を出されてしまっては、司馬さんはついにお書きになれないのかなというふうにわたくしは思ったわけです。

多分、このふたつの理由で、司馬さんはノモンハンをお書きにならなかったのではないかと、勝手に推測しているわけです。あくまで推測ですが。

そこで、司馬さんが書かなかったから、かわりという意味ではありません。司馬さんが書かなかったから、ではわたくしが『ノモンハンの夏』を書くことによって、何かわれわれのこれからの生き方に学べることがあるのではないだろうかという思いがありましたので、司馬さんのお写真に向かって、お別れしながら、わたくしが勝手にわたくしの見方で書かせていただきますというふうにして、『ノモンハンの夏』を書いたわけであります。

事件は国境侵犯からはじまった

ノモンハン事件、昭和十四年（一九三九）の事件であります。

ハルハ河という河をはさみまして、日本軍側及び満洲国側は、そのハルハ河が国境であると決めております。ところが、モンゴル側及びソ連側から言うと、ハルハ河を越えてノモンハンという集落があって、弓形に草原があります。その草原は羊や馬のえさにちょうどいい、きれいな草原だそうです。その草原までが国境線である。したがって、ハルハ河が国境線ではなくて、大きく出たところが国境線であるということで常々もめていました。モンゴル側から言うと、そこは自分の国ですから、勝手に羊飼いが河を渡って出たり入ったりしている。それをこちら側から見ると、実に無法きわまる国境侵犯であるということで、これを追い払う。

というようなことがしばしばありまして、ついに向こうは軍隊を出してきたので、こちらの満洲国軍が軍隊を出しまして、これを追い払うというようなことが事の始まりで、事件が起きたわけです。

ところが、その当時、ちょうどヨーロッパのほうで、ナチス・ドイツがどんどん東のほうへ勢力を伸ばしてきまして、まさにポーランドという国を呑み込もうとしているという状況だったわけです。ポーランドが呑み込まれると、ドイツとソ連は国境を接してしまう。ですから、ソ連としては、スターリンとしては、ドイツの物すごい力が目の前に浸透してきているという状況下ですから、頭は全部ヨーロッパに向いていたのです。しかし一方で、東のほうの満洲というところと、日本軍という存在がやはり気に掛かっているわけです。

ですから、この際、ヨーロッパのほうに全力を集中するために、まだ少々余裕があるから、今がチャンスだ、というわけで、東のほうの日本軍を、一遍こてんぱんに叩いておこうというふうにスターリンはさっさと決めました。そこで強大なる軍事力をそこに集結いたしまして、日本軍を猛叩きにかかったわけです。ですから、単なる国境侵犯のいざこざなのですが、それにソ連側は大軍を出してきましたために、日本側の関東軍もこれに対応しまして、大軍を送らざるを得なくなるという形で、大戦争になってしまったのです。

五月から始まりまして、八月いっぱいまで戦闘は大体終わりまして、九月十五日に停戦協定が結ばれて、戦争が終わるわけです。ですから、五月十一日から九月十五日までの四か月足らずの戦闘であったのですが、関東軍は壊滅的な打撃を受けたと、今まで言われてきたわけです。

司馬さんも、エッセーなどでノモンハン事件のことに触れると、「日本軍は壊滅的な打撃を受けた」というふうに書きます。まあ、それが定評になっているのです。

ところが、ソ連が倒れまして、ロシアになりましてから、当時の資料、今まで出たことのない資料がちょくちょくロシアから出てまいります。ロシアがこのノモンハン事件でどのぐらい損害を受けたかということがずうっと隠されていた、というよりは、むしろロシア側が発表しませんでしたから、日本側が本当に大打撃を受けて、ロシア側はそれほど大したことはないのかなというぐらいに思われていたのです。

ところがあに図《はか》らんや、日本の第一線の兵隊さんたちは、後ろのほうの参謀本部か、あるいは関東軍の作戦課の拙劣なる戦争指導にもかかわらず、本当に勇戦力闘いたしまして、日本側のほうがむしろ死傷者が少ないと、一九九八年にロシアが発表したのです。

ですから、わたくしがちょうど原稿を書き終わろうとしているころにこの数字が出てきたので、わたくしの本のなかには、この数字を「確かではないが」といって出しておりますが、戦死者六四七二人、傷を受けて死んだ人一一五二人。ですから、七千六百人以上が死傷者です。行方不明は二千人以上います。全部合わせますと、九千七百人がロシア側の死んだ人なのです。対して、日本側は戦死者が八六二九人。これもあまり正確ではないのですが、一応この程度と。傷ついた人が九〇八七人。

したがって、一万七千七百人以上が日本側の戦死・戦傷者。ロシア側は、戦傷者を入れますと二万五六五五人。つまり一万七千七百人に対して、ロシア側は二万五千六百人近くが、兵隊さんたちの戦死・戦傷者である。

ということから、最近は、「ノモンハン事件は日本が勝ったんだ。司馬遼太郎と五味川純平[*13]と半藤一利という三人のけしからん男が、ノモンハンは負けた、負けたと盛んに言っているが、この三人は馬鹿者である。日本は勝ったんだ」と、ネットの上で盛んに日本の勝利をうたっている方がおられるそうであります。わたくしは実はネットなんかやらないので知らないのですが、ある人から教えてもらいました。

戦争の目的とは

でもこれは、戦争とは何も互いに殺し合いをすることが目的ではありませんで、戦争の目的は何か。戦争目的というものが、戦争の一番大事なところです。この戦争の目的は、つまり国境線をどのように確定するかということであります。

その国境線確定という戦争目的から申しますと、ノモンハン事件の九月十五日の停戦協定で結ばれた結果は、モンゴル・ソ連側が主張するとおり、ハルハ河を越えて、膨らんだ草原地帯は向こう。膨らんだ線が国境であると決められました。したがいまして、戦争目的はモンゴル側が見事に達したわけであります。

現在も、中国とモンゴルの国境線は、あのノモンハン地域では、ロシア軍と日本軍が停戦協定を決めたその線が国境になっています。

ということで、ノモンハン事件そのものは、向こうが戦争目的を達したということが言えるのではないかと思います。

いずれにしろ、日本は物すごい悪戦苦闘いたしました。兵隊さんたちの本当に勇戦力闘があったので、このぐらい頑張れたと思いますが、中身は実に拙劣な戦争指導であった。これをいちいち申し上げていては紙面が足りなくなりますので、大事なところだけ申し上げます。

ノモンハン事件が終わりまして、昭和十五年（一九四〇）一月に、陸軍の中央部、つまり参謀本部で、ノモンハン事件から何を教訓とするかということのために、研究会というよりは、大々的な反省会といいますか、全戦闘の研究が行われました。「ノモンハン事件研究委員会」というものが設置されまして、そして専門家、もちろん参謀たちです。ノモンハン事件に直接関係のない参謀たちがこれに携わりまして、そしていろいろ検討いたしました。その検討の結果というものが、実に不思議な結論になるのであります。

ノモンハン事件のいわばいちばん主要な点は、「戦闘の実相は、我が軍の必勝の信念及び旺盛なる攻撃精神に対する、ソ連軍の優勢なる飛行機、戦車、砲兵、機械化された各機関、補給の潤沢さとの白熱的衝突である。国軍は伝統の精神威力《せいしんいりょく》を発揮せしめ、ソ連軍もまた近代火力戦の効果を十分に発揮せり」ということになる。それが日本陸軍のノモンハン事件に関する認識であるわけです。

その結果生まれた最終結論は、こうです。

「ノモンハン事件の最大の教訓は、国軍伝統の精神威力をますます拡充するとともに、低水準にある火力戦能力を速やかに向上せしむるにあり」。

これを読みますと、やはり第一に精神力の強調であったとわかる。付け加えて、どうも近代火力戦の、本当の近代的な兵器を使っての戦闘には、日本は非常に遅れている。低水準にある。したがって、これを向上しなければいけないというのを、付け足しているというふうに読めるのですね。つまり、あくまで日本軍は精神力を強調し、付けたりとして、火力戦の能力を向上せしめようではないかと。

ところが旧陸軍にいた何人かにお話を聞いたら、「それは半藤君、そうでもないんだよ。ここに『火力戦能力を速やかに向上せしむるにあり』という、この一行を書くということは物すごく大変なことなんだよ。研究会の参謀たちは、よくこれを書いたよ。こんなこと、普通の人が書いたら、たちまち、お前は何を考えているのかということになって、飛ばされたりする可能性があるのに、この人たちはよくここまで書いたよ、というふうに読むべきなんだよ」と教えられました。

つまり、その程度にまで、当時の陸軍というのはひとりよがりといいますか、それこそ自分本位のものの考え方をしていたということが言えるのではないかと思います。ノモンハン事件は今申しましたとおり、九月十五日に終わり、研究会の報告は、翌年の昭和十五年（一九四〇）の春ぐらいに出されたわけです。ですから、太平洋戦争が始まるまで、それから一年半です。翌十六年の十二月に始まるわけですから、ちょうど一年半ぐらい余裕があったのですが、とてもここに書かれているような低水準にある火力戦能力の向上などというものは、日本陸軍のなかにできるはずはなかった。

不都合な事実を報告せず

ですから、結局ノモンハン事件という大きな痛手といいますか、教訓を得ていながら、何も手のつけようがなく、ただ精神力の強調と、国軍伝統の精神威力をますます拡充するということを中心に、つまりそれだけが叫ばれて太平洋戦争に突入していったのだと言ってもいいのではないかと思うのです。

しかも、一番いけないことはどういうことかと申しますと、近代的火力に劣っているという事実はできるだけ多くの陸軍の主要なる人たちが知らなければならなかった話なのですが、これを多くの人に知らせるということは、陸軍にとってはまことにまずいことになるわけです。したがいまして、日本陸軍はこれを広く多くの人間に知らせることは全くしようとはしませんでした。このノモンハン事件から学ばなければならない一番大事なことは、本当はこうしたことなんです。自分たちの仲間だけの、本当にごく少数の参謀本部のなかだけの研究会であり、そしてその結論であるというふうにとどめまして、それを外に広げることはなかった。これが事実です。

昭和天皇には、ではノモンハン事件のことをどのように報告していたのだろうかということが、ここで非常に気になったところであります。

そこで、陸軍は昭和天皇にどういう報告をしたのかと思って調べてみたのですが、あまり出てこないのです。これはどうも、昭和天皇にきちんとした損害の数字から何から、全部報告をしたのかどうか疑わしい。一応報告したのだろうなというふうには思っていたのですが、どうもそうではないらしい。

というのは、これもわたくしが幾らか関与した、『昭和天皇独白録』という本が、一九九一年に文藝春秋から出版されました。今は文庫本になっております。戦後になりまして、昭和三年（一九二八）の張作霖《ちょうさくりん》爆殺事件*14から終戦までの昭和史を、昭和天皇みずからが側近の人たちに語った。正本ではないのです。正本は多分宮内庁にあると思うのですが、それは世の中に出ておりません。ただ、そのときにそれを聞いた寺崎英成さんという人がメモをつけました。そのメモに基づいて、寺崎さんの書いた記録によって書かれたという、『昭和天皇独白録』というものが世に出たわけでありま
す。

そのなかに、ノモンハン事件について、こう書いているのです。これは、昭和天皇はこうしゃべったということだと思います。

「ノモンハン方面の国境は明瞭でないから不法侵入は双方から言いがかりがつく」。

これが一つです。

「関東軍司令官には、満洲国境を厳守せよとの大命が下してあったから、関東軍が、侵入ソ連兵と交戦したのは理由がある」。これは二つ目です。

三番目は、「この事件に鑑み、その後命令を変更して国境の不明確なる地方及び僻《へき》地《ち》においては、必ずしも国境を厳守するに及ばず」ということにした。この三行なのです。

つまり昭和天皇には、ノモンハン事件というのがありましたと報告はしている。が、これは国境が明確でないための紛争でありました。だからこの場合はどちらが悪いということではなくて、双方から言いがかりがつく、そう報告した。

二つ目は、それで昭和天皇は、関東軍司令官に、国境を越えて侵入してきたソ連及び蒙古《もうこ》軍に対しては、これを追い払えという命令が下してあったから、戦いが起きたのはそれなりの理由があると。

三つ目は、国境が必ずしも明確でないところ、しかもうんと遠いところでは、あまり厳しく厳守するに及ばないというふうに、命令を後から変更したと。こういう三つのことが書かれているんですね。

つまりノモンハン事件で、日本の一師団が壊滅的打撃を受けた。70％にも及ぶ人的損害を受けたというようなことは、大元帥陛下はご存じではないのではないだろうかと。ということは、昭和天皇に、陸軍はほとんどご報告をしていないのではないか。どうもこのたった三行の文面からは、それしか読み取れないわけであります。

独断で暴走する関東軍

日本の陸軍というのは、日中戦争のころからそうですが、特に昭和十四年（一九三九）ぐらいから、きちんとした報告を昭和天皇にしていない。天皇陛下というのは、軍の統帥大権をもつ大元帥陛下であるのですから、軍の一番統領であるわけです。その軍の統領に対しても、ご報告申し上げていない。そして、自分たちだけの独断的な判断で事を運んでいるのではないか、ということが考えられると思うわけです。

このノモンハン事件を、作戦的に後ろのほうから戦争指導した関東軍の作戦参謀は、服部卓四郎《はっとりたくしろう》という中佐。そして、作戦主任として、服部と一緒になって、ノモンハン事件そのものを直接的に指導したのが、辻政信《つじまさのぶ》少佐であるわけです。

その辻は、戦後になりまして、参議院議員になったり、衆議院議員もやりました。議員生活のかたがた、本をたくさん書いて、『ノモンハン』という本を一冊出しています。そのなかで、辻はこう書いています。「戦争は指導者相互の意志と意志との戦いである。もう少し日本が頑張っていれば、恐らくソ連軍側から停戦の申し入れがあったであろう」。日本側から停戦の申し入れをしたために、国境線が向こうの言うとおりになってしまった、ということに対する無念さがここに出ているわけです。「とにかく戦争というものは、意志の強いほうが勝つ」というわけです。

辻の言い分をそのまま事実に当てはめれば、物すごい損害を受けたということがわかりましたので、大本営のほうから、直ちに停戦せよという命令が関東軍に出たわけです。ところが、関東軍はこれを聞きません。とんでもない話だ。もっと頑張って戦えば戦えるんだというようなことで、その停戦命令を聞かない。大本営のほうは、再度攻撃中止命令を出しまして、そしてこれ以上戦闘を続行することは許さない。統帥違反である。したがって、それを守らなければ当然のこと軍法会議にかけるわけですが、そういうところまではっきり言ったのですが、関東軍のほうは、これをまた押し返すわけです。戦場で忠義のために死んだ部下の死骸がたくさん、まだこちらに収容されていない。その部下の骨を拾うことは、大元帥陛下の大御心にもなるのであると我々は確信する。したがって、戦場にもう一遍出ていくというようなことを言うわけです。

ところがそれまで関東軍の言いなりになっていた大本営も、ついに本当の大元帥命令を出しまして、停戦せよ、これ以上攻撃することは統帥違反であるということで、本当に押しとどめるわけです。ここまで、真っ向からやり合ったという事実があるわけです。

この事実からすると、辻の頭のなかには、大本営が腰抜けだったから、この戦争は、結果的には、戦争目的の達成という点では向こうのほうが勝ちになった。こっちが負けになったのは、まさに大本営が腰抜けであったからであるということを、この本のなかでは明らかに書いているわけです。

もう一人、服部卓四郎中佐は、『大東亜戦争全史』のなかにこう書いています。辻と違いまして、服部は明らかに「失敗」と書いてありますが、「失敗の根本原因は、中央と現地軍との意見の不一致にあると思う。両者それぞれの立場に立って判断したものであり、いずれにも理由は存在する。要するに、意志不統一のまま、ずるずると拡大につながった点に最大の誤謬《ごびゅう》がある」と、このように服部卓四郎は書いているわけです。

これも読みようによっては、中央のやつらは余計なことをガタガタ言ってきて、現場のおれたちのことを制約したり牽制するから失敗したんだ。こちらに任せておけば、本当はもっとうまくいったのに、東京が余計なことをガチャガチャ言うから不統一になった。そのために戦いはうまくいかなかったのだというふうに読めるわけです。

これも実はおかしな話なのですね。関東軍といえども、日本陸軍の「ある部隊」なのです。独立しているわけではないのです。したがって、大本営の作戦の命令を聞かなければいけないはずなのです。ところがそれを関東軍は、自分たちの意志によって中央と関係なく作戦指導ができるのだと。大本営は余計なことを言うな、黙っていろ。こっちに任せておけと言わんばかりのことを、何遍もやっているわけです。つまりこれは、統帥に服していないのは関東軍のほうである。にもかかわらず、服部は、そうではなくて、余計なことを中央のほうが言うから、この戦争は失敗したのだと書いているわけです。

人事の致命的な甘さ

もうひとつおかしなことは、この戦争が終わりましてから、陸軍というのは、昔から伝統的にそういうところがあるのですが、懲罰と言うとおかしいですが、結果を踏まえて人事的な処罰を下すわけです。このようにうまくいかなかった場合、損害を多大にだした場合など日本の陸軍というのは、最高指揮官及び参謀長ぐらいが責任をとり、現場の参謀たちは責任をとる必要はないというのが、もう不文律《ふぶんりつ》的に決められているることです。したがいまして、このときの関東軍司令官は、確かに軍を退きます。また、参謀長もそれなりの罰を受けまして、人事的に飛ばされたりします。

ところが、この辻参謀も、服部参謀も、一応関東軍の参謀から退きまして、第一線から少し下がりますが、首になるというようなことはないわけです。そればかりではなくて、日本陸軍の不思議なところは、この二人の参謀は、たちまちにして復活するわけです。

これは今申しましたとおり、昭和十四年（一九三九）九月に戦いが終わった後の話です。そして二人は、一応どこかに飛ばされるわけですが、翌年、昭和十五年十月には、服部卓四郎中佐は大本営参謀本部作戦班長として、東京の中央に堂々と凱旋《がいせん》するわけです。そして、さらに昭和十六年十月に作戦課長になりまして、大佐に進級する。もう太平洋戦争は目の前ですが、その太平洋戦争に向けての中心人物になるわけです。

服部は、自分が作戦課長になると同時に、直ちに辻政信中佐（そのときは辻も進級して中佐になっておりました）を作戦課の戦力班長に呼ぶわけです。そしてここに、服部・辻という、二人のコンビがまた復活いたしまして、しかも今度は参謀本部作戦課の中心人物として新しい政策を二人で推進するわけです。

新しい政策とは何かといいますと、北のほうは剣呑《けんのん》すぎる。ソ連はかなり強い。したがって北のほうはとりあえず今はやめておこう、これからは南だ。南へ出ることは、むしろ日本の国益のために非常に有効である。つまり、一種の、わたくしが勝手な名前をつけるのですが、「ノモンハン症候群」というようなものが二人のなかにありまして、今は北には手を出さない。むしろ南だ。南に出ていくと、多分アメリカが怒って出てくるだろうが、アメリカは何しろ女の強い国だ。だから、戦争なんてなると、アメリカの女が涙を流して旦那を止めるだろうから、そんなに強い軍隊ではない（これはわたくしが言っているのではなくて、本当に辻がそんなふうに書いているのです）。だから大丈夫、だから南へ出ようということで、南進論の強力なる推進者になるわけです。こうして昭和十六年（一九四一）の夏ごろの参謀本部のなかは、もう南進論で、まるで湧くがごとくであったというのですね[*15]。

しかし、日本は南に進む。つまりいざというときに備えてベトナムのほうへ軍隊を出せば、当然のことながら、アメリカとイギリスと衝突するということは目に見えておりました。それでも彼らは、アメリカとイギリスは大したことはないという判断で、南進論の推進者になって、参謀本部をそっちへ引っ張っていくわけです。

失敗に学ばない日本人

こういう歴史的事実を見ますと、わたくしは、日本の陸軍というものを中心としまして、つまり当時の日本人というのが、何かとてつもない大きな自信をもって、判断をし、自分よがりな過ちを平気で犯しているのではないかということを思うわけです。今回は、この辻と服部だけ名前を挙げていますが、実はほかの参謀たちのなかにも、こういう強硬論者は山ほどいたわけです。

その人たちの共通しているところは何だろうか。それは、「起きると困るようなことは起きないということにする」というような、非常識な意識。それと同時に、失敗を率直に認めず、その失敗から何も教訓を学ばないという態度。そしてこれ以外にも、例えばこういうことが言えるのではないかと思うのです。

それは、一つは、精神力の重視とか、そういうこともありますが、その基本にあるのは、日本陸軍（当時は皇軍と言っておりましたが）は不敗であると。皇軍は今までとにかく負けたことがない、不敗であるということを本気で陸軍中央の参謀たちは信じていたようであります。言葉で言えば、「根拠なき自己過信」ということです。が、どこに不敗の根拠があるのかと問われれば、どこにもないのです。

たしかに日本陸軍は日清・日露戦争いらい、ある意味では不敗でした。そこから「不敗の神話」が生まれます。すなわち強烈なる精神力をもって、いかなる近代火力に対しても対等に対抗できる。そう信じたのです。結果として、ソ連軍は、皇軍が出ていけば必ず逃げるというようなものの考え方。これは中国軍も同じです。出ていけば逃げる。中国戦線は、事実、毛沢東がそういう戦法をとりまして、出てきたら逃げる。日本が引いたらすぐ出ていくという戦法をとりましたから、確かに逃げるところはあった。だからといって、不敗の根拠にはならないと思います。

二番目は、「非常に驕慢な無知」に支配されていた。情報というものを全く軽視する。ソ連軍がシベリア鉄道を使って、多量の戦車をアジアのほうに送り込んでいるという情報はどんどん入っていたわけです。したがって、ソ連軍が大挙して総攻撃に出るということも、ある程度予想されていたはずです。ところが、そんなばかなことをソ連軍がやれるはずはないんだ。シベリア鉄道を使って、ヨーロッパのほうからそんなに早急に戦車群を持ってこられるはずはないんだというようなことで、情報を全く認めようとしない。これは関東軍だけではなくて、大本営の参謀本部の作戦課もまたしかりであります。

同時に、兵站《へいたん》の無視、要するに補給を一切考えない。司馬さんが書いておりますが、「元亀《げんき》・天正《てんしょう》のころの武器をもって、ノモンハンで日本陸軍は機関銃、戦車にぶち当たった」。この「元亀・天正のころの武器」という言葉は、実は先ほど申しました須見新一郎連隊長が言った言葉です。「我々はまさに元亀・天正のころの武器を持って、近代兵器とぶつかった」と須見さんは大いに嘆いておりました。確かに元亀・天正のころの、つまり三八式歩兵銃という、明治三八年（一九〇五）にできたときの歩兵銃を持って、ソ連の近代兵器で身を固めた兵隊と立ち合ったわけです。

この明治三八年の銃は、太平洋戦争でも大活躍いたします。向こうは自動小銃になっていることがわかっていて、そしてそういうものがもう既にどんどん戦場に出ているということがわかっていながら、日本はそういうものを開発しないで、なぜいつまでも三八式歩兵銃なのか。情報としても入っているんだし、それから、その有利性は全部もうわかっていることなのに、なぜ……。ノモンハンで、先ほど申しました結論で、「火力戦能力を速やかに向上せしめるにあり」ということを結論づけていながら、なおかつ、まだ三八式歩兵銃とは一体どういうことなんですか、と旧陸軍の人に聞きましたら、情けない返事が返ってまいりました。「実は、三八式歩兵銃の弾丸を山ほどどころではなくて、使っても、使っても使い切れないほどつくってしまった。これがある間は、これをとにかく使わなければならないんだ。だから最後まで三八式歩兵銃を使ったのである」と。そんなばかなことで、本当に国家の運命を賭した戦争に突入したんですかと、思わず天を仰ぎました。

また戦車、これは今の世の中と少し関係あります。戦車は、たとえばソ連やアメリカのは格好が悪いんです。無骨なんです。格好は悪いんだけれども、厚い鉄板なのです。ところが日本の戦車は本当に軽快なのですが、薄い。「なぜこんな戦車なんですか」と言いましたら、これも実は日本の鉄道が狭軌《きょうき》であって、重戦車を運べないんだと。それともうひとつ、戦車を積み出すときに、日本の港湾にある起重機が弱くて、あんな重たい五〇トン戦車など持ち上げられないのだ。だから軽くて、軽快な戦車でやらざるを得ない。

「司馬さんの言葉をかりれば、「戦車と名がつけば、やはり戦車なのだ」という答えをしておりました。

つまり、こういうようなことに対する、これは兵站というよりはもっと基本的な問題でありますが、そういうことに関する全くの無視。完全無視なんですね。ですから、驕慢なる無知というのは、無知でなくて、知っていながら、これを無視して固執するということなんです。そうした傾向がどうも日本人のなかにある。

底知れぬ無責任

もうひとつ、最後は「底知れぬ無責任」という言葉ではないかと思います。前にも申しましたとおり、日本の参謀はそれがいかに無謀であって、いかにずさんな計画であろうとも、勇戦敢闘するような作戦計画であるならば、これが失敗しても責任を問われない。つまり無責任で済むということ。しかもその人たちがまた、人事のいかんによっては、中央にすぐ戻ってこられるという、考えられないことをしばしばやっている。つまり厳罰に処すというようなことが全くないということが、当時の日本陸軍に対して言えるのではないかと思います。

そういうことを言いますと、今だって同じではないか、大して違わないではないかという方がおられるのではないか。いろいろな大失敗があったりします。その失敗を、ちゃんとした将来の教訓のために、その記録をちゃんと残しておこうではないかという声は上がるんです。しかし、悪い冗談のようですが、その声を記録として残すことはほとんどありません。組織にとって、失敗というものは、本当は一番教訓になるので、失敗こそ学ぶところがたくさんあると思いますが、それから学ぼうという声はあるのですが、本当にやることは一遍もない、それが日本の組織というものですね。多分皆さん方もそうではないかと思うのです。そして、威勢のいい、勝ったとき、勝利の栄光だけは、自分のものにいたしまして、勝利病にかかる。勝利病にかかると、何も学ぶことはできないということが言えるのではないかと思います。

昭和史というのは、このノモンハン事件によって象徴されるような、日本人の非常に陥りやすい、こういう欠点というものを如実に示している貴重な記録なのです。だからといって、頭から日本人はだめだということではありません。兵隊さんが実に勇敢で、ほんとうに勇戦敢闘する。非常に優秀なところがあるのですが、ただ、そうした欠点をわたくしたちはきちんと学ぼうとしないで、そのままずうっと後の世まで、引っ張っていくのではないだろうかということが若干考えられます。昭和史から学ぶことによって、くどくどあげた過去の日本人の特性ともいえるようなことを教訓とすべきではないだろうかと思うわけです。

＊12 **参謀本部** 軍隊を統率・指揮する天皇直属の最高機関。旧陸軍では、作戦計画や参謀将校の監督・教育などを行った。

＊13 **五味川純平** （一九一六〜一九九五）小説家。ソ満国境の警備に参加した自ら

の体験をもとに、関東軍の犯罪行為を告発した長編『人間の條件』がベストセラーとなる。

＊14　**張作霖爆殺事件**　昭和三年（一九二八）六月四日、中国の軍人・政治家である張作霖が、関東軍の謀略により奉天駅の近くで列車を爆破され、死亡した事件。

＊15　**南に出ていくと～というのですね。**　『これだけ読めば戦は勝てる』（昭和十六年、大本営発行の小冊子）の記述による。

日本を暴走させた人たち

参謀から考える
日本軍「失敗の本質」

日本軍は指揮官の何たるかを理解することもなく、
また育成にも力を注がなかった。
当然、「権限は行使するが責任は取らず」といった
指揮官を生み出す結果となりました。
すると、どうなるか。
指揮官の補佐役である参謀たちの暴走が始まります。

戦争を動かした参謀という仕事

一体、戦争を動かした参謀とはどのような仕事だったのでしょうか。日本陸軍の統帥、用兵、作戦の基本を記した『統帥綱領』[*16]には、こう書いてあります。「幕僚は諸資料を整備して、将帥《しょうすい》の策案、決心を準備し、これを実行に移す事務を処理し、かつ軍隊の実行を注視す」。ですから、要するに、参謀の本分は将帥（指揮官）を全面的に補佐することにあります。ですから、参謀というのはもともと、「霞むべき存在」なのです。

それゆえ参謀は、指揮官の思考や行動様式、性格などを十分に心得て、かつ指揮官との間の意思疎通を密にしなければなりません。そうでなれば、軍隊という組織は機能不全に陥ってしまい、勝利を得ることはかないません。『統帥綱領』にはまた、こうも記してあります。「幕僚本来の任務は、将帥の精神を諸種の圧迫より解放し、この意思の独立自由を確保し、これを助けて将帥の能力を十分に発揮し、その将徳を全うし、もって将帥の権威を発揚《はつよう》せしむるにあり」。

軍隊であれ、企業であれ、組織のトップに立つ人はきわめて重大な責任を負い、ある意味では孤独であり、厳しい決断を迫られます。そうしたトップの重責を少しでも軽くし、平常心を持って仕事を遂行できるようにするのが参謀の重要な役割でもあるのです。

指揮官と参謀の条件

一般に、指揮官の条件として挙げられるのは、人格が高潔で威徳（威厳と人徳）があり、多少欠点があろうとともかく下についた幕僚を十全に活用できる能力を持ち、大局的な観点から判断や決断ができることなどです。参謀はその指揮官の補佐役ですから、相性がいいに越したことはないのですが、相互理解と相互信頼が大切になってきます。

ですから、指揮官と参謀のコンビによって、その組織の性格が決まるといっても過言ではないでしょう。この両者が車の両輪となってそれぞれの役割を十全に果たさなければ、組織が共通の目的に向かって歩調を合わせることなどできません。ましてや国の存亡や人の命がかかっている戦争においては、いかにしてこの両輪をいい方向に回していくかが大きな意味を持ってきます。

ですが、残念ながら日本軍には指揮官と参謀のこれこそ名コンビといえる組み合わせは皆無に近かった。というのも、明治いらい、日本軍の指揮官にいちばん求められたのは威徳（くり返します、威厳と人徳です）のみという歴史があるからです。人情の機微を心得た何でもウンウンという鷹揚《おうよう》な堂々とした指揮官が理想とされたわけですね。

暴走をはじめる参謀たち

これは裏を返せば、日本軍は指揮官の何たるかを正しく理解することもなく、また育成にも力を注がなかった証左ともいえます。当然、職分に自覚的な名指揮官は少なく、「権力を行使せず責任も取らず」か、「権限は行使するが責任は取らず」といった指揮官を生み出す結果となりました。参謀長や参謀の意見具申《いけんぐしん》に大きくうなずくだけの指揮官です。

すると、どうなるか。指揮官の補佐役である参謀たちの暴走が始まります。何しろ参謀というのは、陸軍大学校や海軍大学校を優秀な成績で卒業したエリートの将校集団です。なかでも作戦参謀は、卒業成績が上位四、五位以内の超エリートですから、情報参謀や兵站参謀を下に見る風潮が強くありました。実際、階級も作戦参謀のほうが上でした。

手八丁口八丁の頭脳明晰な作戦参謀たちにとって、「うなずき指揮官」を懐柔《かいじゅう》するのは赤子の手をひねるよりも簡単なことだったのでしょう。ここに驚天動地の事態が生じます。

本来、政治と軍事は表裏一体の関係にあるはずなのですが、陸軍も海軍も軍事を政府から独立させ、それぞれの軍中央——陸軍は参謀本部、海軍は軍令部——の管轄下に置いてしまったのです。いわゆる「幕僚統帥《ばくりょうとうすい》」ですね。前にもお話しした、国軍を指揮・運用する最高の権能《けんのう》である「統帥権の独立」が実現したことによって、政略と戦略の統一が不可能になりました。

そして、この幕僚統帥という世にも奇妙な論理を振りかざし、作戦参謀たちは独断専行の暴挙を繰り返すようになっていきます。

組織の命運を左右する人間的組み合わせ

太平洋戦争開戦当時の軍令部総長・永野修身《おさみ》と連合艦隊司令長官・山本五十六のコンビが典型でしょう。

永野は対米英戦争宿命論者であり、「もはや議論の余地なし」として開戦を主張し続けました。その戦術は日露戦争以来の大艦巨砲による艦隊決戦を踏襲《とうしゅう》したものであり、作戦行動の具体的な中身や詳細については部下に任せ切りでした。対米英不戦論を唱える山本からすれば、「海軍の戦い方が大艦巨砲から航空戦と潜水艦戦へと移っていることも知らずして、何が対米英開戦だ」という思いが強くありました。

自称天才を気取り、「後はよきに計《はか》らえ」と命令することで己の仕事は全うしたと考える永野と、時代錯誤の愚に気づかない永野にいらだつ山本との間で、戦略や戦術を徹底して論議したという事実はまったく見当たりません。〝異床異夢《いしょういむ》〟であるにもかかわらず、どっちもどっちで、両者は歩み寄る努力を惜しんだのです。もちろん、統一された意思決定も戦争指導もなかったわけですから、結果は火を見るより明らかでした。

旧日本軍の場合、特に昭和に入ってからの指揮官と参謀のコンビには目を覆いたくなるケースが多々あります。このコンビのありようが組織の命運を左右する力を持っていることを考えると、人間的組み合わせの大事さがわかろうというものです。

参謀のタイプ別「失敗の本質」

指揮官との関係で見たとき、その参謀を特有の資質や必要な能力を基準にして分類すると、次のようになります。

1　**書記官型（側近型）**：指揮官の意思を部下に伝達するだけで、自分では判断しない。指揮官の知的・肉体的ロスを最小限にとどめる。

2　**代理指導型（分身型）**：指揮官の身になって自分でも判断し、適切な指導調整を行い、指揮官を補佐する。

3　**専門担当型（独立型）**：指揮官を補佐するが、同時に自分の専門に関しては独自に判断し指導する。

4　**準指揮官型（方針具体化型）**：みずから権限を持ってふるまい、時に指揮官を乗り越えて指揮官としての役割を果たす。

5　**長期構想型（戦略型）**：独自の構想の下、長期的な戦略展望に取り組む思索派。

6　**政略担当型（政治軍人型）**：軍中央にあって、各官庁や政界・財界トップとの折衝に特殊な能力を発揮する。

この六つのタイプと能力は画然《かくぜん》としたものではなく、それぞれが微妙に混ざり合っていることは言うまでもありません。とした上で、具体的に少しくわしく述べます。

タイプ❶【書記官型】抜群の事務処理能力を持った実務家

書記官型参謀の第一の特徴は、組織の内の調整や根回し、事務処理能力に長けていることです。官僚を彷彿《ほうふつ》させる実務家ですね。半面、想像力に乏しいところがあります。

瀬島龍三（一九一一－二〇〇七）

第二の特徴は、「霞むべき存在」に徹していることです。常に節度を保って参謀としての範《のり》を越えることはなく、したがって組織内で権勢を誇るということもありません。分をわきまえた参謀として行動します。その意味では、参謀らしい参謀といえます。

これを裏読みすれば、指揮官が要求する以上のことは率先してやらないということです。

第三の特徴は、指揮官が何を考え、どうしたいと思っているかを察知する能力が高いことです。この能力の発露が、緻密な頭脳で構成された文章です。指揮官が一読して迷うことなく承認印を押せるような、文句のつけようがない作戦計画書などを作成します。

書記官型参謀の代表といえば、陸軍の瀬島龍三でしょう。瀬島は司令部と軍の参謀をそれぞれ一年ほど経験した後、開戦前から終戦の直前まで、参謀本部作戦課の参謀としてずっと王道を歩いています。

当時の参謀総長・杉山元《げん》大将が参内して大元帥である天皇に上奏文を提出する際、瀬島は必ず同行を命じられました。宮城《きゅうじょう》への途上では、瀬島は杉山に、上奏文の詳細と想定される質疑への模範解答を示しました。そして上奏文は大元帥を満足させる内容がきちんと記されていました。書記官型参謀としての手腕は他者に代えがたく、杉山が瀬島を手放さないため、「陰の参謀総長」と渾名《あだな》されるほどでした。

ところが、頼れる参謀・瀬島にも弱点がありました。瀬島が立案した作戦は文章としては完璧であるのですが、実戦ではそのほとんどが失敗してしまうのです。これは参謀本部で席を温め続け、前線の事情にうとかったことが原因していると考えられます。

あるとき、参謀本部の新米参謀が、大本営（戦時に設置される統帥機関）命令書の書き方を瀬島に尋ねたことがあるそうです。新米の彼は前線の司令官命令書しか書いたことがありませんでした。その形式はというと、まず敵情を説明し、次に作戦を指示するというものです。対する瀬島の大本営命令書は、敵情を記さず天皇の決心をうながす内容を書くというものでした。瀬島はその理由を「天皇は敵情などで決心を左右されないから」と説明したそうです。上司の意図を汲み取る能力に長けた瀬島の面目躍《めんもくやく》如《じょ》たるエピソードです。

しかし、敵情を知らないまま決定された作戦ですから、思ったとおりには運ばず失敗するのは当然です。最終目的達成のために組織力を最大限に引き出すことや、機動的に部隊を動かすなどを知ってか知らぬか、「策士、策に溺《おぼ》れる」といったところでしょうか。

タイプ❷［代理指導型］判断力と統率力を兼ね備えた心理巧者

代理指導型参謀の最大の特徴は、参謀としての職務を果たすと同時に、指揮官並みの大局的な状況判断力と行動力を兼ね備えていることです。また上司からも、部下からも信頼が篤く、危機にあって人を動かす術を心得ています。心理巧者ですね。

それから、常に部下に目配りして、組織が安易な妥協に陥らぬよう継続的なチェックを怠りません。

海軍の井上成美に、代理指導型参謀としての能力を認めることができます。昭和十一年（一九三六）に二・二六事件が起きたとき、井上は横須賀鎮守府の参謀長でした。事件当日、陸軍決起に対抗すべく海軍も緊急体制を敷く必要がありました。ところが、同司令長官の米内光政は運悪く東京のとある場所にいて不在でした。そのとき、井上は素早い行動に打って出ます。なんと素知らぬ顔をして、あたかも米内長官が横須賀鎮守府にいるがごとく、「参謀長」として横須賀鎮守府を「代理」指揮したのです。陸戦隊はただちに海軍省を護衛し、陸軍がこれを契機に革命の挙にでたらこれを撃破してやろうと、横浜沖には戦艦部隊を待機させます。万が一、陸軍部隊と対戦することになっても海軍は即座に砲撃できることを見せつけました。

その一方で、井上は密かに、しかもゆっくりと米内に連絡して帰還を催促しています。おそらく自分のやった処置を説明し、米内の指示を仰いだのでしょうが、一刻を争う局面における井上の代理指揮は、最善であったといえるでしょう。部下を団結させ、指揮官以上の統率力を発揮したのですから。

井上は兵学校卒業成績は一七九人中の二番で、名誉欲なく権勢欲なく、生活はつつましく、自分を殺して任務に邁進《まいしん》する男。派手なことを望まず、縁の下の力持ちを自認し、それに全力をつくせる人物で、まさに代理指導者型の典型といえるかと思います。

しかも、イレギュラーな指揮統率は一歩間違えれば地獄です。代理指揮官が方向を見誤れば、組織全体が大きな損失を被《こうむ》ることにもなりかねないからです。その点、井上は得がたい参謀だったと評価できます。

ところが、人の器というのはわからないものですね。「名プレーヤー、必ずしも名監督ならず」ではありませんが、井上は総指揮官になったとたん、失

井上成美（一八八九－一九七五）

敗の連続でした。参謀としては抜群の判断力や行動力、統率力を発揮しながら、戦場の指揮官としては結果を出せなかった。参謀の能力のまま指揮官を務めた悲劇です。あまり部下の参謀を信用していなかったからかもしれません。代理はあくまで代理にすぎないという教訓でしょうか。

ともあれ、多くの人はトップの座に就くと、迷いや逡巡《しゅんじゅん》の度合いがより強くなり、勇気が薄れていくもののようです。名参謀であればあるほど、その傾向は強いようです。

タイプ❸［専門担当型］発想力豊かなスペシャリスト

専門担当参謀は文字どおりのスペシャリストです。参謀の仕事は本来、「戦略」「戦術」「戦務」の三位一体になっています。戦務というのは、兵員、兵器、食糧、燃料などの調達業務であり、これが整っていなければ、戦略も戦術も画餅《がべい》にすぎません。専門担当型参謀はこの三種類の業務を一人でこなす能力を持っています。しかも発想力に優れ、ユニークな戦法を編み出す技量の持ち主です。

専門担当型参謀の代表は、日露戦争の日本海海戦においてロシアのバルチック艦隊を破った連合艦隊の作戦参謀、秋山真之です。秋山の知謀は明治の海軍で並ぶ者がないほど抜きん出ていました。海軍兵学校では常に成績トップ、アメリカ留学を経て、海軍大学校で戦術教官を務め、天才的戦術家・秋山の名は広く知れ渡ります。

特筆すべきは、秋山が参謀業務のなかでも戦務を最も重視していたことです。戦術に走る参謀が多かったなかで、秋山は非常に珍しいタイプです。その一例が、バルチック艦隊を迎え撃つまでの数日間に、指揮官から水兵に至るすべてのメンバーに戦務を周知徹底させたことです。たとえばそれは、燃料の消費時間、砲弾の飛距離など細部にまで及んでいました。秋山は「日露戦争ではわたくしは戦務でご奉公した」と述べていますが、うなずけるところです。「智謀湧くがごとし」と形容された秋山ですが、唯一の欠点は戦闘の現場で犠牲者を直視できないことでした。自分が立案した作戦が原因で戦死者が出るという現実を許すことができなかったのでしょう。

秋山真之（一八六八－一九一八）

日本海海戦の砲戦が始まり、戦死者が続出して甲板が血の海になると、秋山はショックを受けて雲隠れしてしまいます。夜襲戦では、水雷戦隊が敵艦めがけて魚雷を投じるのですが、この作戦を計画した秋山の姿が見えない。周囲は「作戦参謀はどこだ！」と探し回る始末です。実は、秋山は戦争嫌いだったのです。

海軍史上、作戦参謀として秋山ほどのスペシャリストはほかに見当たりません。しかし、現実を直視できないというのは、やはり実戦での参謀としては問題です。参謀は精神的なタフさも持ち合わせていなければいけません。作戦室だけの智者で終わってしまっては、残念ながら参謀としては落第かもしれません。

タイプ❹［準指揮官型］思い込みをものともせず唯我独尊を貫く

準指揮官型参謀の大きな特徴は、唯我独尊《ゆいがどくそん》です。命令というのはある意味では抽象的なものですから、参謀が部隊に出かけていって、指揮官の意図をいろいろ解説し理解させます。で、解説するうちに、自分が指揮官になったような気分になってくる。そうなると、最前線で指揮を執りたいという欲求が起こってきても不思議ではありません。こうして準指揮官型参謀は、一人悦《えつ》に入る状態を意識的につくり出してしまうのです。

それから、同じパターンを繰り返す性向があります。成功体験であればなおさらです。

前項でも出てまいりました、陸軍の辻政信は準指揮官型参謀の典型ですね。戦地の前線司令部は通常、部隊後方に位置し、軍司令部からの派遣参謀はその前線司令部で作戦を練ります。ところがです。参謀のはずの辻は、突如、指揮官と化して最前線に出ていくのが常でした。この点については、陸軍と海軍に違いがあるので説明しましょう。

海軍には「指揮官先頭、軍令厳守」の伝統があり、参謀が指揮権を行使することは禁じられていました。一方、陸軍には参謀本部や軍司令部から特別に派遣される「特派参謀」「派遣参謀」制度がありました。指揮権を有するか否かについて明確な規定はないのですが、ひとたび現地に派遣されると、現場指揮官の承諾を取りつけ、参謀が直接部隊を指揮することが多々あったのです。

辻政信（一九〇二－没年不明）

その前例をつくったのが、日露戦争時の満洲軍総参謀長だった児玉源太郎です。当時、第三軍司令官の乃木希典が旅順港を陥落できず、陸軍は窮地に立たされていました。そこへ総参謀長の児玉が現れ、乃木に代わって陣頭指揮を執り、勝利を手中にします。みずから指揮官の権限を持ってふるまう参謀が登場したわけです。

ただし、参謀本部の参謀次長の地位にあった児玉は、日露戦争という国難に際して満洲軍総参謀長に乞われて赴任したという特殊なケースでした。

この先例が昭和の参謀の勘違いを招きます。指揮官の権限を行使することを疑問に思わない参謀を輩出してしまうのです。辻のような参謀が出てくるのは、当然の成り行きでした。

辻は派遣参謀として、最前線で直接部隊を指揮しています。参謀肩章をつけたエリート参謀が、銃を手にして最前線で戦うことなどまずありえません。さぞや兵士は驚いたことでしょう。尊敬したかもしれません。

戦地に赴くと、辻は自分で立てた作戦を最後まで責任を持って指揮しました。参謀が指揮することなど本来あってはならないことですが、責任感があるという意味では陸軍で随一といえると思います。特に推奨はできませんが、無責任な参謀が多いなかで、自身で立案した作戦に最後まで責任を持った点においてのみ、辻の行動力は評価できます。

作戦参謀としての辻は、かなり有能でした。しかし、そこは唯我独尊の辻のことですから、自分が立てた作戦が思いどおりに行かないと見ると、「突撃」一本槍。作戦が完璧であるという思い込みを正すことはなく、成功しなければ、すべてを前線の指揮官や兵隊のせいにしてしまいます。

たとえば、ガダルカナルで総攻撃を計画したとき、展開が遅れたために予定どおりの作戦遂行（総攻撃）が困難という状況に陥りました。部隊はジャングルを切り開いて進攻しなければならず、時間がかかったからです。

原因は辻にありました。彼は現地のジャングルを見ないまま、いや遠くから眺めただけで作戦を計画したのです。にもかかわらず、部隊遅延の報告を受けても、作戦を改善するどころか、部下を叱咤《しった》するばかりでした。

参謀に限りませんが、人はだれでも自分の失敗を認めたくないものです。それゆえみずから立案した作戦に固執して、強行を強いる。エリート参謀であればあるほど、その傾向は強いといえます。

みずからの意思で部隊を指揮するという組織の規定を踏み外した行動は、「霞むべき存在」としての参謀にあるまじきことです。これではいかに勇敢であろうと、失格者の烙印《らくいん》を押されても弁解の余地などないのではないか。参謀としては不適格な人物と言わざるをえません。

タイプ❺［長期構想型］独自の戦略的思考で世界を見据える

長期的展望を持って国のあるべき姿を描ける参謀は、貴重な存在です。企業にも同じことがいえると思います。いわゆるビジョンづくりですから、参謀より上位レベルの上級指揮官の仕事になるわけですが、長期構想型参謀はスタッフとして欠かせない人材です。戦略的思考に優れた参謀は数少ないからです。

石原莞爾《いしわらかんじ》は独自の戦略的思考に立って、日本の将来像を考え抜いた異能の作戦参謀です。当時にあって類稀《たぐいまれ》な世界観を構築しえた背景には、陸軍幼年学校時代からの高度な知的探求心がありました。当時の日記にこんな一文があります。

「困《くるし》まざれば真に抜出る能《あた》はず困まざる間は自惚《うぬぼれ》強し」

これを自戒の念として、石原は早稲田大学の大隈重信《おおくましげのぶ》に教えを乞うたり、近代東洋学の泰斗《たいと》である内藤湖南《こなん》の門を叩いたりしています。

それだけではありません。昭和初期の代表的な総合雑誌だった『改造』や『中央公論』を定期購読していましたし、マルクスやレーニンの唯物史観[*17]を熱心に勉強していました。ベルリン駐在武官時代には、ナポレオンと第一次大戦の戦史を学ぶかたわら、ドイツの将校を雇って週一回の研究会を仲間と開いています。

石原の世界観は一朝一夕に出来上がったのではなく、長い時間をかけた思索の集積物だったのです。だからこそ、その構想が正しかったかどうかが問題になるわけです。

注目すべきは、昭和史のスタートがまさに石原構想に基づいて動いたという事実でしょう。その壮大な構想として知られる「世界最終戦論」の概要は次のようなものです。

世界は闘争の場であり、列強の勝ち抜き戦である。将来は、ヨーロッパを制覇したソ連とアメリカが戦争して、最後はその勝者と日本の世界最終戦争になる。では、日本が最終戦争まで残るためにはどうすればいいか。

日本は満洲国をしっかりと固めて、中国とは事を構えず同盟国とし、ここにアジア各国の総力を結集した大兵力を温存して、最終戦争で決戦して世界平和へと導く――。

実は、この大構想が案外当たっていたといえなく

石原莞爾（一八八九－一九四九）

もないのです。日本は方向性を失し、政策を間違えて先に沈没してしまいましたが、ソ連とアメリカは冷戦という「最終戦争」をすることになりました。皮肉にもソ連は自滅してしまいましたが。

日本が石原構想のままに動いていけば、満洲国をつくって中国と協調し、最後の決戦までは国力を養っているはずでした。ところが、早くケリをつけたい勢力が台頭し、また「中国一撃論」（強烈な一撃を加えれば中国は降参するという論）が唱えられ出し、陸軍上層部が早期決戦という方向に傾いて石原構想は潰されてしまいます。日中戦争が勃発したとき、石原は作戦部長であり当事者でした。その石原は「戦争不拡大」を叫んだのですが、結局は陸軍中央から追い出されてしまいます。

石原は長期的戦略を立て、その実現に向けて全力を結集していくには何をなすべきかまでも具体的に考案しています。一つひとつ確実に実行していく上で、大勢に影響はない事柄については多少の妥協も許しました。何が重要で、何が見過ごしてよいことかを心得ていたのです。この点に、長期構想型参謀としての突出した能力を見ることができます。

惜しむべきは、その行動において粘り強さが足りなかったことです。心血を注ぎ、ありったけの知恵をしぼり出しておきながら、何が何でも成果を手にするという執念を持たず、窮地に陥ればさっさと諦めてしまうのです。もちろん、一度や二度は熱心に食い下がりますが、早い段階で見切りをつけてしまう。どうやら秀才にありがちな執着心の薄さが災いしていたようです。

タイプ❻［政略担当型］交渉力に秀でた打たれ強い教養人

政略担当型参謀の最大の特徴は、臨機応変な対応力です。あるときは合理主義者を演じたり、あるときは風見鶏《かざみどり》を装ったりと、場に応じて対処法を変えます。いい意味でのカメレオン的資質がなければ、丁々発止《ちょうちょうはっし》の世界を生き抜くことはできません。政治家的軍人といいかえてもいいかもしれません。

二つ目は、人的ネットワークづくりが上手で、コミュニケーション能力に秀でていることです。多彩な人脈と共感・協調する姿勢が、交渉においては大きな力となります。くわえて、専門の軍事面の知識だけでなく、社会、経済、法律、文化などに通《つう》暁《ぎょう》した教養人でもなければいけません。

三つ目は、職を賭して勇気ある言動をあえて取る傾向が強いことです。そのため、何かといっては祭り上げられることが多いのですが、逆に叩かれたりもします。打た

武藤章（一八九二－一九四八）©kyodonews/amanaimages

れ強さがなければ務まらないのが政略担当型参謀です。

政略担当型参謀を陸軍で挙げるなら武藤章《あきら》でしょう。武藤は軍務局長時代に政治力を発揮しました。すでに開戦前から陸軍大臣の東條英機《とうじょうひでき》に対して、対米英戦争の長期戦化は回避するよう力説しています。そして、いざ開戦となったとき、外務大臣の東郷茂徳《しげのり》に、戦争の早期終結を懇請しています。

『軍人勅諭』[*18]には「軍人は政治に干与してはならない」という定めがありました。統帥権の独立のなせる業なのですが、戦争において政治と軍事、すなわち政略戦略の一体化は必然です。国家戦略や重要政策を実現させるための政治、外交、経済などソフト・パワーに依拠する策略と、軍事的手段に基づく策略とが統一されて初めて、戦略も政策もかたちをなします。武藤はそのことを心底承知していた数少ない参謀の一人です。

海軍の石川信吾《しんご》にも同じことがいえます。軍務局第二課という国防政策を策定する組織にいた石川は、海軍の「政治将校」として名を馳せていました。石川は太平洋戦争直前、非常に重要な政治的局面で動きました。日独伊三国同盟*19締結と南部仏印（現在のベトナム）進駐です。このふたつの大事な戦略決定のときに縦横《じゅうおう》に働き、海軍を引っ張りました。

「海軍の中でただ一人の政治的実力者と自認し、巨大な陸軍の政治力に立ち向かおうとする石川の姿勢は、颯爽たるものがあった」（当時の部下の中山定義《さだよし》元中佐の回想）

特に南部仏印進駐です。南部仏印に進駐すれば、アメリカとイギリスは黙っていません。太平洋戦争が起こることは確実でした。石川は、みずからが中心となって外務省や政府と議論に議論を重ねます。近衛内閣は、海軍の兵力が万全だと聞かされ、さらに、アメリカとイギリスはそれを知って戦争回避に向かうという口車に乗せられてしまいます。結局、石川説を容認するかたちで南方進出は決定されます。

ところが、南部仏印に進駐したとたん、アメリカは対日石油・鉄の全面輸出禁止令を発動し、戦争政策で応酬してきました。そのとき石川は、「石油を

石川信吾（一八九四－一九六四）

止められたら戦争をするしかない」と言い切ったそうです。陸海軍首脳にとっては、裏切られたも同然だったでしょう。当時の石川の部下が語るには、石川は敗戦が決まったとき、

「この戦争は俺が始めたようなものだ」

とうそぶいたそうです。戦争をしたかった石川は、情勢をしっかり見極めていました。確信犯だったのです。

石川は、「アメリカ、恐るるに足らず」と開戦を煽りました。政略担当型参謀はその立場を利用して、個人的な抱負経綸《ほうふけいりん》を容易に実現できます。だからこそ、これを理性的に抑制できる参謀が、組織に大きく貢献するのです。

日本軍最大の失敗

日本軍最大の失敗は、参謀を輩出する大学校教育にあると思います。陸大も海大も共通して、「戦争に勝つため」だけの戦術に偏った教育を施しています。たとえば陸大では、まず図上戦術で基礎を養い、その後、現地戦術や兵棋《へいぎ》コースを踏んで応用力を鍛えます。この間、教官と学生のブレーンストーミングが行われます。参謀として

の思考力、判断力、実行力を体得させるのがその目的です。

こうした戦術教育に七割以上を費やしていましたから、その代償は大きかった。そのひとつが、戦術教育を補足する戦史教育の不足です。戦いの原則や軍隊の運用法を知って合理的な感覚を磨く戦史教育の欠落が、戦争形態の変化を考えなくなるという弊害を生み出しました。教わり覚えたことが金科玉条《きんかぎょくじょう》なこととなる。文明が進めば戦争の型は変わります。そのことに目が行かずに、「過去の戦争を戦う」ばかりの参謀の大量生産につながっていきました。

さらに、経済、法律、政治、文化といった社会・人文科学系の教育をおざなりにしたツケも大きかった。国防政策を立案する上で必要不可欠な知識だからです。

つまるところ、第一次大戦後は国家総力戦となり、戦争の規模や質が大きく変化したにもかかわらず、時代遅れの参謀教育が行われていたわけですね。組織の要《かなめ》である参謀だからこそ、時代に合致した知力が求められるはずなのに。

それから、旧日本軍においては、「参謀として、己は何をなすべきか」を自覚させる場の教育が足りなかったことです。非公式な組織ですが、陸軍の連隊長を中心とする全将校の親睦と研鑽《けんさん》を目的とした「将校団」がありました。しかし、これとて「エリート・クラブ」の域を出るものではなく、切磋琢磨《せっさたくま》することもなく、真の参謀教育を行うには十分な土俵とはいえませんでした。

組織を動かすのは人であり、そこには常に人間が犯しやすい誤断、過信、不注意、逡巡などがつきまとうものです。それゆえ、参謀育成のプログラムが戦略論や戦術論などに偏りますと、人を動かす上で欠くべからざる人間力の涵養《かんよう》を見落としがちになります。人間の営みにおいて、最強の武器はやはり人間なのです。真の参謀として心しなければならないことは、知と情と意のバランスでしょう。

第一次大戦後のドイツ陸軍再建を指導したハンス・フォン・ゼークト将軍いわく、「幕僚の養成は天才をつくることではない。能力と常識とを十分に発揮できる通常人を育成することにある」。

この箴言《しんげん》はそのまま現代社会にもあてはまるのではないかと思います。

＊16 **『統帥綱領』** 昭和三年（一九二八）に作成された、軍の最高機密として特定の将校しか閲覧を許されなかった書物。軍統帥に関する要綱を示した。昭和七年に教育研修用に編纂された『統帥参考』との合本で昭和三十七年（一九六二）、偕行社より公刊。

＊17 **唯物史観** マルクス主義における歴史観。歴史発展の原動力となるものは人

間の意識ではなく、社会の物質的な生産であると考える立場。

＊18 **軍人勅諭**　明治十五年（一八八二）一月、明治天皇が軍隊に下賜した勅諭。第二次世界大戦の終戦にいたるまで、日本軍の精神的支柱となっていた。

＊19 **日独伊三国同盟**　昭和十五年（一九四〇）九月、ベルリンで調印された日本・ドイツ・イタリア三国の軍事同盟。日独伊防共協定を強化したもので、それぞれの指導的地位の承認と相互援助を規定。

わたくしの八月十五日

終戦の記憶と平和への祈り

父の怒声でハッと目が覚めた、といっていいでしょう。
そうだ、戦争に負けたってぐにゃぐにゃになることはないんだ、みんなが頑張れば国は再建できるんだ、日本の明日はまちがいなくやって来る、
とまったく単純ながらそう思ったのです。
それがわたくしの八月十五日でありました。

わたくしの体験した終戦

今年もまた八月がやってきました。あの日の灼熱の太陽と沁みいるような蟬の声とともに、汗まみれで聞いた天皇放送[*20]を覚えている人は、もう数少なくなっていることでしょう。

「…朕《ちん》は時運の趨《おもむ》く所堪《た》へ難《がた》きを堪へ、忍《しの》び難きを忍び、以《もっ》て万世の為に太平を開かむと欲す…」

この放送をわたくしは勤労動員先の新潟県長岡市の津上製作所の工場内で聞きました。東京の三月十日の大空襲で家を焼かれ、九死に一生を得て、父の郷里である長岡在の寒村に疎開、県立長岡中学校（現長岡高校）に転入、ひきつづいて勤労動員で働いていたからです。中学三年生、十五歳でした。

放送が終わって、大人たちがあるいは号泣し、あるいは咽《むせ》び泣いているのを眺めながら、わたくしは与太公《よたこう》的な同級生に誘われて、工場隅の防空壕にもぐりこんで、禁じられていたタバコを生まれてはじめてふかしたのです。国が敗れたからには、男たちは奴隷となりカリフォルニアか南の島に連れていかれ重労働、女たちはアメリカ兵の妾《めかけ》になると教えられていましたから、人生の楽事は早いとこ知っておかなくちゃ、という捨てばちな気持ちになっていたようです。

その夜、そのことを父に確認しました。とたんに、父が一喝したのです。

「バカもん！　なにをアホなことを考えているんだ。日本人を全員奴隷にしてカリフォルニアに連れていくのに、いったいどれだけの船がいると思っているのかッ」

「日本人の女を全員アメリカ人の妾にするだと？　そんなことしたらアメリカの女たちが黙っていると思うのか。馬鹿野郎」

この父の怒声でハッと目が覚めた、といっていいでしょう。リアリズムという言葉を当時は知りませんでしたが、そうだ、戦争に負けたってぐにゃぐにゃになることはないんだ、みんなが頑張れば国は再建できるんだ、日本の明日はまちがいなくやって来る、とまったく単純ながらそう思ったのです。それがわたくしの八月十五日でありました。

ひどく暑かった一九四五年の八月

先日、ある俳句雑誌でこんな句を見つけて、ウムと感服して思わず唸《うな》りました。

〈八月や六日九日十五日〉

作者名も書いてありましたが、あえて書きません。なぜならこの話を友人の俳人にしたら、「その句は『八月や』を、『八月の』、『八月に』、『八月は』、などと変えていろいろな人につくられていて、俳句の世界では有名なんだよ」と教えられたからです。最初に詠んだ人は不明で、作者未詳となっているそうな。いずれにしても、六日のヒロシマ、九日のナガサキとソ連軍の満洲侵攻、十五日の玉音放送と、日本敗戦のあのくそ暑かった夏を体験した高齢者が作者であるにまちがいありません。

いまから五十三年前に、わたくしはこの夏のことを書いた『日本のいちばん長い日』という本を刊行しました。二度も映画化されたので、ご存じの方も多いでしょうね。六日九日十五日はそんなわたくしにとっても忘れ難い。最初に映画化したときの岡本喜八監督が「演出ノート」にこう書いていました。

「日本にあのような日があったという事実、それであのような戦争の為に、三百万もの日本人が死んだという事実、少なくともこれだけは知って貰《もら》いたい」

まったくわたくしも同感です。しかも「最後の一兵まで」「一億総玉砕」がもう日本中で叫ばれているとき、よくぞ何事もなく戦争が終結できたものだ、といまも思うのです。

「老兵」命がけの決断

作家志賀直哉が終戦直後に『鈴木貫太郎』というエッセイを書いていました。「吾々《われわれ》は今にも沈みさうなボロボロ船に乗ってゐたのだ。軍はそれで沖へ乗出せといふ。鈴木さんは舳《へさき》だけを沖に向けて置き、不意に終戦といふ港に船を入れて了《しま》った」大事なのは、この港へオンボロ船を入れるのは小手先の政治的テクニックなんかではできないということ。あの一日は、真剣刃渡りのような危険を、ほんとうに昭和天皇と鈴木貫太郎首相のまさに「阿吽《あうん》の呼吸」があって、やっとのことで乗り切れたのです。「身を捨ててこそ浮かぶ瀬もあれ」といいますが、鈴木貫太郎は字義どおり捨て身になれる人でした。私心のまったくない人であったからこそ、この大事業ができたのだと考えます。

わたくしは手もとに貴重な史料をもっています。何かといえば、終戦を決した十五日の夜七時、鈴木首相が国民を励ますために「大詔《たいしょう》を拝して」と題する談話を放送しました。そのラジオで読みあげるための原稿そのものです。聞いたような聞かないような、それを聞いた記憶は耄碌《もうろく》していまはないのですが、そのなかの一行にわたくしはいま感動を新たにしています。

「諸君の胸中はこの私も老兵の一人として良く存ずるところであります」

この「老兵の一人として」は鈴木首相がみずから草稿に書き入れたものであるといいます。鈴木首相は戦争終結の政治的決断を、一兵卒が死を賭して突撃する覚悟のもとにあえてした。このごろの「誠実に」だの、「真摯《しんし》に」だの、「丁寧に」だのと、口さきだけで上手をいう政治家たちとは天地雲泥の差の、それこそ命がけの決断であった。それでやっとのことで戦争を終結することができたのです。

平和への祈りを続ける

また、暑い八月がやってきました。八十八歳の老齢となったわたくしは、今年もまた毎朝、終戦の詔書《しょうしょ》のなかの一行を唱え、一分間瞑目《めいもく》して起きることをやっています。

「戦陣に死し職域に殉じ非命に斃《たお》れたる者及《およ》び其《そ》の遺族に想《おもい》を致せば五内《ごだい》為《ため》に裂く（身が張り裂ける）」と、天皇が戦争犠牲者を痛哭《つうこく》したくだりです。

八月いっぱい朝起きるときにこのことをもう三十年余もやっています。三百二十万人の戦争犠牲者を追悼し、「日本よ、いつまでも平和で、穏やかであれ」と誓い、そう祈っているのです。

＊20　**天皇放送**　玉音《ぎょくおん》放送とも。昭和二十年（一九四五）八月十五日、昭和天皇みずからの声で、ラジオを通じて全国民に戦争終結の詔書の朗読を放送した。この放送で、日本国民ははじめて天皇の肉声に接した。

戦争で死ぬということ

戦死者をどう追悼すべきか

戦争犠牲者をどう追悼すべきかと問われれば、
わたくしの答えは決まっています。
日本がいつまでも平和で穏やかな国であることを、
亡くなった方々に誓うこと。
無念の死、無残な死を遂げた方々に向けて、
あなた方の心を生かしますと誓うことです。

「戦争の死者」とはどういう存在か

いまの日本人にとって「戦争の死者」とは、どういう存在なのでしょう。たとえば八月十五日には毎年、政府主催の全国戦没者追悼式が開かれます。この「戦没者」とは誰のことか。

多くの人は、戦争で死んだ人たち全員のことだと考えているはずです。けれども辞書には、戦没者とは「戦場で死んだ人」とあります。ごく普通に考えれば、「戦場」とあるから原爆や空襲による一般住民の死者は含まれないことになります。

先述のように、昭和天皇が昭和二十年（一九四五）八月に発した終戦の詔書に、「帝国臣民にして戦陣に死し職域に殉じ非命に斃れたる者及其の遺族に想を致せば五内為に裂く」という一節があるのですが、ここでは戦場での兵士の死者と、船員など業務として戦争に動員されて亡くなった死者、それと一般市民の死者を分けつつ、そのみんなを思っている。追悼している。戦没者追悼式の対象には、三者すべてが入っている、ということになります。

思えば日中戦争までの近代日本の戦争は基本的に国外での戦闘で、内地での戦争ではありませんでした。「戦場」は外にありました。その意味からは、市民の死者が多く含まれることが、「太平洋戦争の死者」の大きな特徴になっています。

わたくしは、もちろん、市民の死者まで含めて「戦争の犠牲者」だと見ています。だがなかには、そういう見方をしない人もいるようです。その代表格が靖国神社でしょう。靖国は基本的に、「戦場」での兵士の死者だけを祀《まつ》る社《やしろ》であるようです。

戦争で死ぬということ

ではその「兵士の死」とは太平洋戦争の場合、どのようなものだったのでしょうか。多くの人は戦闘による壮烈な死をイメージするのでしょうが、実態は異なります。陸海軍人の死者は約二百四十万人でしたが、そのうちの実に七割が広義の餓死でした。食糧の補給がなされず島々などに見捨てられた、無残にして無念の死でありました。

彼らを見捨てたのは誰か。軍中枢の大本営、つまりは日本国家です。その数、実に百六十万人以上。「英霊」のこうした悲惨な実態は、ほとんど知られていません。また軍は兵士に、食糧が尽きたら現地調達せよと指示していましたから、日本兵はしばしば食糧を外地で収奪した。彼らが住民に「日本鬼」などと恐れられたことも忘れてはならないのです。

もうひとつ、大事な数字があります。軍人の約二百四十万の死者のうち、遺骨が戻ってきたのは百二十八万人にとどまっているという事実。残りは今もジャングルで野ざらしにされているのです。これもまた、「戦争犠牲者」の実態なのです。

日本国は戦後も含めて彼らを見捨ててきたと言わざるを得ません。死の実相を問わず、その遺骨も放ったまま、名前だけを「英霊」として靖国に祀ってきました。あるいは千鳥《ちどり》ヶ淵《ふち》に。しかも、戦死者がこのように遇されている責任は戦後のわたくしたちにもあるのです。

日本人は戦死者をどう悼んできたのか

戦争犠牲者をいったい日本人はどう悼《いた》んできたことでしょうか。

わたくしは十五歳のとき終戦を迎えました。戦争中の記憶としていまも強く残っていることのひとつは、ラジオから聞こえた靖国神社の国家儀式なのです。戦時下の大日本帝国では、「英霊」の御霊《みたま》を呼び寄せる招魂祭の様子が、厳《おごそ》かな音楽とともに報じられていました。戦死した人々の名が読み上げられ、その人たちが「神」になっていく。神社には遺族が全国から集められ、「ありがたいことです」と儀式に感激する様子が伝えられました。ラジオを聞くわたくしの周りも厳粛な雰囲気に包まれて、それを壊すような言動は許されません。

実は、儀式に参列した遺族のなかには肉親の遺骨が帰ってこないことへの不満や疑問もあったことでしょう。また戦争後期には、社会の一部に厭戦《えんせん》気分もなくはなかった。のですが、靖国は、そうした感情や意見を抑え込むところでもありました。

戦争が終わると、日本人のなかにはこれで死なないですんだとホッとした気分が広がった一方で、民族の存在意義を失ったような喪失感も生まれました。国のために一所懸命に戦ったつもりだったのに、その努力も何もかも、敗戦ですべてがむなしく思えたのです。

戦後の靖国が多くの人にとって、こうした行き場のない思いを抱きつつ、「戦争には負けたが、わたくしは君たちのことを忘れないよ」と語りかける存在であったことは確かでしょう。ただし戦後史を掘り返してみると、靖国と死者の関係には別の側面も見えてくるのです。

戦争中に「軍神」と称賛された戦死者がいました。英霊のなかでも別格で、遺族は靖国の儀式でも前列に置かれました。だが戦後、軍神の遺族は一転、他の遺族から激しく責められることになる。「お前の父親のせいでわたくしの肉親が悲惨な戦争にかり出されて死んだのだ」と。戦後の靖国はこのように、戦争をめぐる国民の多様な思いが交錯する場でもあったのです。

合祀と死者の選別について

昭和五十三年（一九七八）、靖国はA級戦犯[*21]を合祀《ごうし》しました。それまでの靖国はあくまで「鎮魂と慰霊の社」でしたが、この合祀によって靖国は「政治的な施設」に変わってしまったのです。

昭和天皇は戦後に八回、靖国を参拝しましたが、昭和五十年を最後に参拝をやめています。今上天皇もそれを受け継いで行かれません。昭和天皇がA級戦犯合祀に不快感を抱き、「だから私（は）あれ以来参拝していない　それが私の心だ」と語ったことを記したメモが以前公表されました。

「天皇の怒りを示すメモ」と評する向きもありましたが、メモの現物を読んだときわたくしが感じたのは、むしろ天皇の「悲しみ」でした。靖国に政治的観念論や歴史観なる余計なものが入り込み、政治的施設になってしまったことへの悲しみ。そのため自身が参拝できなくなってしまったことへの悲しみ。

A級戦犯が合祀されるまでわたくしは普通に靖国を訪れ、頭を下げていました。合祀以降は、ときおり足を運んではいるものの、実は心中に困惑がやっぱりある。それは何も合祀だけがひっかかるのではないのです。

現実には靖国は「天皇の軍隊」の戦死者しか祀らない社なのです。だが、戦前の日本ならともかく、いま、そのような偏った鎮魂・慰霊のあり方は戦後社会にふさわしいのでしょうか。

靖国は明治二年（一八六九）に東京招魂社《しょうこんしゃ》として創建されました。脱藩して尊皇のため横死《おうし》した維新の死者を祀るために。彼らの霊は脱藩しているゆえに故国にも戻れず、行くところもなしに浮遊していなければならなかったゆえに、その魂を慰めるために集めたのです。そして、その後は、天皇の軍隊の一員として戦死した将兵だけが祀られる社へと変わったのです。

その結果、そうして成立し維持されてきた事情もあって、戦争で死んだ日本人でも、維新期の「賊軍」の死者や太平洋戦争期の船員の多く、空襲・原爆による死者は祀られていません（のちに船員は祀られましたが）。こうした教義によるとはいえ、死者を選別するのは、真の戦争犠牲者を追悼する場にはふさわしくないのではないでしょうか。

市民はもちろん、できれば維新期の「賊軍」の死者も含めて、近代日本国家建設のための犠牲者をすべて追悼できるほうがいい、とわたくしは思うのです。

戦争犠牲者をどう追悼すべきか

昭和二十年（一九四五）三月、東京大空襲でわたくしは、自分自身はやっと生命を拾いましたが、目の前で多くの人が死んでいくのを見ました。赤ん坊を抱いた母親が一瞬で炎に包まれた。どれだけ死体を見たことか。むごいなどという言葉で表せる情景ではありません。

戦争犠牲者をどう追悼すべきかと問われれば、わたくしの答えは決まっています。日本がいつまでも平和で穏やかな国であることを、亡くなった方々に誓うこと。無念の死、無残な死を遂げた方々に向けて、あなた方の心を生かしますと誓うことです。

今上陛下は即位された平成元年八月十五日から全国戦没者追悼式に出席され平成最後の年に当たる平成三十年まで、その「おことば」の冒頭のところで、

「戦没者を追悼し平和を祈念する日に当たり……」

とずっと「平和を祈念する日」というご自身の祈りをつけ加えてくり返されていま

す。同じ言葉をくり返すのは、そのことを何度でも国民に伝えたいとの想いがあるからだと思います。

政治家たちもまた、平和のために靖国参拝しているのだと主張しています。けれどわたくしは、彼らの参拝や説明は政治的なプロパガンダにすぎないと思うのです。大衆に迎合する政治、つまりポピュリズム的な傾向がそこに明らかに見える。一票のために、という下心がほの見える。

日本では戦前昭和の時代に、ポピュリズム政治による過ちが重要な場面で何度も繰り返されてきました。中国と和平する道を閉ざした近衛文麿《このえふみまろ》首相の「国民政府を対手《あいて》とせず」発言も、国連からの脱退を宣言した松岡洋右《ようすけ》の演説も国民は熱狂的に支持しました。結果、日本は孤立へ向かういっぽうとなった。他国から批判されて「外圧に屈するな」と思う気持ちも理解できるが、排外的な「攘夷」は孤立を招く。そして戦争の道をひらく。日本はかつて「栄光ある孤立」を掲げて世界中を相手に戦争する羽目になった国なのです。負の感情をいったん抑え、常にそうした事実を冷静に考えてほしいのです。

＊21　**A級戦犯**　第二次世界大戦で勝利した連合国が開いた極東国際軍事裁判（一

九四六～四八）で、戦争の計画や実行の罪に問われた日本の指導者。

第二部
この国の未来に伝えたいこと

信念をつらぬく覚悟を

陸奥宗光と外交の神髄

止まらねばならぬところで止まりうるもの、
それこそが外交の衝《しょう》にある者の責任である。
そうした度外れた覚悟は、
従順さや小利口でごまかせることではない。
それを成し得るものは、
孤立無援にも耐え得る強い魂の持ち主である。
そう陸奥はいいたかったにちがいないのです。

明治日本の悲願だった「不平等条約の改正」

三島由紀夫の戯曲に『鹿鳴館《ろくめいかん》』という四幕の悲劇があります。この戯曲のなかに、明治日本がなさんとした安政の不平等条約[*22]改正へのなりふりかまわぬ努力と、にもかかわらず失敗に失敗を重ねたあわれな結果とが見事に語られています。

改めて書くまでもなく、安政五年（一八五八）に徳川幕府が諸外国との間で結んだ国辱的な通商条約を改正することは、いわば明治新政府の悲願でありました。とくにこの難問題に明治十二年（一八七九）いらい取り組んできたのが、外務卿井上馨《かおる》で、涙ぐましいというか笑うに笑えぬ努力を重ねたのです。欧米諸国が改正に応じないのは、日本を野蛮国視しているからであるとし、媚態《びたい》外交とそしられようとも欧化政策をとることに井上は本気で決意しました。文化・風俗・生活・建物をすべて欧風に真似るのです。米食をパン食に、和服を廃止してすべて洋服へ。ついには人種を変えてしまおうという案さえも彼はだします。その最大の象徴が鹿鳴館の乱痴気騒ぎであったのです。

そうまで努力して明治二十年（一八八七）春、第一次伊藤博文内閣のとき交渉がまとまり、やっと調印となるか、というところまでこぎつけました。が、その内容が民間に知れると、あまりに屈辱的な新条約として一気に批判・反対のノロシが火を噴くことになる。条約改正反対の運動は激烈化して、井上外相は辞任せざるを得なくなります。

こうして条約改正問題はつぎの黒田清隆内閣へとひきつがれ、外相大隈重信《おおくましげのぶ》が渾身の努力をささげることになるのです。ところが、外相が秘密のうちに計画している改正案の一部が洩れでると、それでなくとも鹿鳴館に象徴される浮わっ調子な西洋心酔を、かねてにがにがしく思っていた世間はいっそう憤慨し、ふたたび政府攻撃の声は天下に満ち満ちていったのです。

騒乱は、明治二十二年十月十八日、福岡出身の来島恒喜《くるしまつねき》という青年が、大隈外相の登庁を待ちうけて爆弾を投げるという事件にまで発展します。外相は片足を失い、辞職せねばならなくなる。そして内閣は更迭《こうてつ》し、そこで陸軍の長老山縣有朋《やまがたありとも》が首相に任ぜられることとなりました。

世の注目は、はたして外相にだれがなるか、に集まりました。

陸奥宗光の登場

アメリカ駐剳《ちゅうさつ》公使陸奥《むつ》宗光《むねみつ》が、日本から、ただちに帰国をうながす電報をうけとったのは、その直後の十一月下旬のことなのです。差しだし人はかねてから知友の井上馨。明治二十一年（一八八八）三月、アメリカへ渡るとき、陸奥はめったのことでは帰国しない覚悟を固めていました。日本を去るとき、家屋だけを残し諸道具はすべて売り払い、書物は大隈外相の秘書官加藤高明《たかあき》にあずけています。つまりは当分帰国せぬの意思表示でした。

陸奥宗光（一八四四—一八九七）

そこへ「帰国せよ」の簡単な電報がきた。理由もわからぬ帰国命令には応ぜられない、とただちに返電したあたりに、陸奥の万事に強気の性格がそのままでているといえましょうか。

さらに追っかけて外務次官青木周蔵《しゅうぞう》の手紙が海を渡って届けられる。

「山縣内閣が組閣されるについては、老兄にもその一員になっていただきたい、という意味がこめられています……」

この手紙に、陸奥はがぜん勇み立ちます。藩閥政府に抵抗しながら、結局はまた藩閥政府入り（外務省へ）じゃないかと、民権主義者から「大いなる変節」として激しい批判を浴びます。が、陸奥は恬淡《てんたん》としていました。かれには大きな志があったからなのです。それは何か。明治日本の悲願というべき条約改正を、まさにこの自分の手で成しとげてみせる、という夢想にも近い大いなる志がその心の奥底にあったから、なのです。こうして歴代内閣が企てて失敗し倒閣の引き金となったくらい、うっかり手をだすのは危険きわまりない大仕事を、陸奥は見事にやってのけてやろうと、烈々たる闘志をもやしつつアメリカをあとに船上の人となりました。

坂本龍馬にも認められた陸奥の才能

陸奥宗光は弘化《こうか》元年（一八四四）紀州藩の八百石取りの家に生まれました。言うまでもなく朝敵徳川の御三家（尾張・紀州・水戸）のひとつ、藩閥外の出身です。しかも、その父が藩の忌諱《きき》にふれて幽閉され、一家離散、四方流離の生活を強いられています。

宗光が十歳の冬のこと。みずからも回想して「貧困自給する能《あた》はず、各処に寄食し……」と『自伝』に書いています。それゆえもあって、彼は少年時代から刻苦勉励《こっくべんれい》の鬼となっていました。

十八歳のころに、尊皇攘夷《そんのうじょうい》の説にはじまる天下の騒乱に遭《あ》い、伊達《だて》小次郎と名乗って幕末の激動のなかに身を投じます。折もよく坂本龍馬に知られ、龍馬とともに勝海《かっかい》舟《しゅう》の海軍操練所[23]に学ぶこととなる。その後、龍馬のつくる海援隊[24]の一員となり、志士として東奔西走《とうほんせいそう》の大活躍をし、刃の下をしばしばくぐっている。木戸孝允《きどたかよし》、後藤象二《しょうじ》郎《ろう》、井上馨、伊藤博文、山縣有朋たち明治の元勲《げんくん》とはこのころに知り合います。とくに伊藤とはもっとも親しい友人となっています。

若き日の陸奥すなわち伊達小次郎は、まことに才智にあふれた気性のはげしい男であったようです。とかくに人を押しのけて出しゃばる傾向があり、しばしば仲間の憎しみを買います。しかも気取り屋で身体に似合わぬ長刀をさし、いかにも小生意気な顔をして天下独往する。その上に、「嘘つき小次郎」というあだなをつけられるほど弁舌が巧みでもあったのです。これでは仲間にも嫌われますね。

しかし、その一方で上のものには愛され、目をかけられるところもあったのです。坂本龍馬がそのひとりで、若い陸奥の才能を見ぬいてしきりに可愛がった。

「わが海援隊には数十人の若者がいるが、大小をはずしても、独立して働くことのできるものは、わしと小次郎だけだ」

と龍馬は陸奥を評してつねづね言っていたというのです。

やがて明治維新――。

陸奥は率先して新政府に参画したものの、憤懣《ふんまん》がたちまちに破裂してしまう。かつての勤皇運動の知己《ちき》たちが閥に属するゆえに引き立てられて、はるかな要職について ゆく。そして薩長を中心とする藩閥のものだけが天下をとり、閥外の陸奥たちを見下しはじめたからです。薩長にあらざれば人にあらずの風潮に、強気の陸奥はがぜん猛《もう》反撥《はんぱつ》した。

自分ほどの才人はいないと確信しているから、陸奥は凡庸《ぼんよう》の人物が派閥や徒党を背景にして高い地位につくことを憎みます。不平家となり、やたらに人と衝突した。

明治七年(一八七四)元旦、陸奥は痛憤の念を筆端にこめて『日本人』と題する一文を書いて、木戸孝允に届けるとともに、ついに政府へ辞表をだす。ただし、せっかくの陸奥の論は公憤の形をとっているものの、どこまでが天下国家のためか、どこまでが自己一身のためか、見わけのつかぬところがあったのです。そのせいもあって、あまり重要視されませんでした。

しかし明治八年、立憲の詔《みことのり》の発勅により、これで藩閥の横暴はおさえられることになるであろうと陸奥は思い直して、もういっぺん新政府にカムバックします。が、いぜんたる藩閥政治にふたたび落胆、悶々たる日々を送る破目となる。この不平不満があるために、明治十年の西南戦争の勃発に呼応して大久保利通《としみち》、伊藤博文たちを殺害、西郷軍と呼応してもう一度革命を起こして新政府を樹立するという大江卓《たく》・林有《ゆう》造《ぞう》・片岡健吉たち土佐立志社*25の挙兵の陰謀に、陸奥は「ひそかに援助してもいい」という返事を与えてしまうのです。実は、そうはいいつつも、大江卓にたいしては、再三、計画の中止をすすめていたのですが……。

陰謀は、西郷軍潰滅とともに空無と化します。明治新政府は、薩摩の蜂起《ほうき》に土佐も呼応して起《た》つのではないかと、スパイを多数もぐりこませて警戒の眼を光らせていました。それでたちまち露見してしまいます。土佐の首謀者の刑は一律に禁錮《きんこ》十年ということになっていましたが、閣議にもちだされると、井上馨が朱筆をとり黙って、陸奥宗光の名前の上に書かれた十年の字を、五年と書き改めてくれました。伊藤をはじめ閣僚たちは、あえてそれに異議をとなえませんでした。

獄中で身につけた「政治の論理」

陸奥は明治十一年（一八七八）に山形の監獄に送られます。ここで青年時代に戻ったように勉励したといいます。本を読み沈思するほかにすることもなかったからでしょうが、実は、そこで得た貴重なことがあったのです。自分の志を正しく主張することは大事である。が、その志を成し遂げるために妥協が必要なときには、あえて妥協するだけの柔軟性をもたねばならない、といういわゆる〝政治の論理〟でありました。妥生まれながらの稜々《りょうりょう》たる反骨を捨てるのではない。薩長に屈服するのでもない。妥協は手段であり、目的はわが志である。手段のうしろにある目的はなんとしても遂げなければならないのである。そのために、人間には耐えねばならないことがある、そのことです。

そこに達するまでの陸奥の人間的苦悩は、尋常一様のものではなかった、といえます。獄中にあって記した『面壁独語《めんぺきどくご》』の一節は凄愴《せいそう》の気に満ちています。「兀々《ごつごつ》独坐、終日一壁に面す、余固《もと》より達磨《だるま》の定心なし、二六時中、妄念《もうねん》雲起し、休息の機なし、意馬《いば》放奔し、心猿《しんえん》喧噪し、時に楽しみ、時に悩み、自ら笑ひ、自ら哭《こく》す、其《その》状宛《あたか》も喪心風癲《ふうてん》と一般のみ……」

そのように七転八倒で内省した陸奥は、出獄後、再出発とばかりに明治十七年（一八八四）四月、ヨーロッパに遊学することとしました。ロンドンからウィーンへ渡り、ウィーン大学で憲法学を学びます。性格的には鋭気に満ちすぎて欠点が多かったのですが、生まれつきの鋭敏な頭脳と、刻苦精励する勉強熱心、これには及ぶものがなかなかいなかった。

陸奥が日本へ帰ったのは明治十九年一月。そして伊藤博文の推薦によって、外務省に入ったのがその年の十月。このいともあっさりとした官界入りは、かつての反閥の同志たちに多大の失望を与えました。しかし陸奥はもうよそに視線を送ろうとはしません。黙々として毎日霞ケ関に出勤し、ひたすら外相井上馨と次官青木周蔵を助けて、まじめに働いていました。

しかし、すでに書いたように条約改正問題で世論の猛攻撃をうけ、井上は外相を辞し、条約改正は延期。外相はしばらく首相伊藤が兼摂《けんせつ》したが、やがて伊藤は大隈重信を外相にすえ、首相の地位を黒田清隆に譲って辞任する。

この人事にともなって陸奥は、急に働く気を失ってしまう。理由はひとつ、大隈の下で働くことを陸奥は極端に嫌っていたからです。そこに降ってわいたように米国駐割公使の席がぽっかりとあきました。もう当分は日本に帰るまいの思いをこめて、陸奥が祖国を後にしたのは外務省に入ってからわずか一年余り後のことであったのです。

「カミソリ大臣」と呼ばれた男

「ただちに帰国せよ」の電報に応じて、陸奥宗光が日本の土を踏んだのは明治二十三年(一八九〇)一月二十五日のこと。陸奥もすでに四十六歳。ときの首相山縣有朋は、陸奥を外相にしようと思ったが、反対する声もあり、謀反人《むほんにん》という前科の記憶が薄らいでいないことから、内外に遠慮して、あまり目立たぬ農商務大臣にすえることとしました。

ともかく、若いころから陸奥の才幹《さいかん》は徂《ゆ》くところ可ならざるところはなく、機鋒《きほう》縦横《じゅうおう》、人も知るその才幹はいよいよ磨きがかかり、ただちにカミソリ大臣というあだ名がつけられます。たしかに切れ味はカミソリのように鋭かったが、少々切れすぎて、時には人に無用の傷を負わせることも多々ありました。

しかも農商務相は彼にとって適所とはいいがたかったようです。というのも、明らかにその真骨頂は陸奥が第二次伊藤博文内閣(明治二十五年八月)の外相となったときからはじまるからです。

いうまでもなく、陸奥が念願していた外相に就任してまっさきに考えたのは、条約改正のことでした。それこそが当時の日本にとって、何よりも先に解決すべき大問題。しかし内閣は別名元勲内閣といわれるほど大物が閣僚に顔をそろえていました。すでに失敗の苦杯を喫した井上馨、大隈案反対の先頭に立った頑固な山縣有朋、それに伊藤と、条約改正にはさんざん苦労した連中が上にいる。後輩の陸奥が、うっかり主動的な態度をとろうものなら、すぐに頭からおさえられるであろうことは、目に見えています。そこで陸奥はしばらく隠忍して、改正意見などおくびにもだしませんでした。

しかし、それは表立ってのことで、機敏な陸奥は、外相に就任するともうその日に、信頼する秘書官の中田敬義《たかのり》と、外務省顧問デニソンに命じて、ひそかに条約改正の原案を作るよう命じていたのです。

伊藤博文との密談

新内閣ができて三か月ばかりたった十一月十日、閣議の帰りがけに伊藤は、なにげない様子で陸奥に同車をすすめました。馬車が桜田門あたりをとおるころ、伊藤はいつにない真面目な顔できます。

「条約改正の準備は進んでいるかね」

陸奥は、表面は苦い顔をして、

「ご命令とあれば、いつなん時でもとりかかれるように、準備はすすめております。されど、井上案や大隈案の焼き直しならば、やらないほうがいいと思います。やるからには、はじめから考え方を変えて堂々とかからねばなりません」

伊藤が「この男は、何かいいたいことがあるな」と考えこんでいるうちに馬車は首相官邸につく。

伊藤は陸奥を一室にともなってその構想を聞きました。すると陸奥は大胆にも、治外法権も関税自主権も回復する完全な平等条約にするというのです。それを聞いて伊藤はうなって「列国は、それをたやすく承諾するであろうか」と不安を口にした。

陸奥は胸をはっていいます。

「もちろん、談判の困難は覚悟せねばなりません。が、姑息《こそく》な条約案を提出し、国民の反対で頓座《とんざ》するよりも、まず国民も満足する条約案をひっさげて列国に迫らば、たとえ不成功に終わるとも国民の敵愾心《てきがいしん》を誘発して、政府にたいする反対の気勢を国外に転換する効果があります」

伊藤は思わずテーブルを打って感嘆の声をあげた。対外策と対内策との両股をかけようという陸奥の機略は、とうてい余人の考えつくところではなかったからです。伊藤は、しかし、陸奥の構想に少しの疑いも向けませんでした。

「して、いずれの国から交渉をはじめるか」

「在留邦人の多く、かつ通商関係の密接なイギリスから、ついでアメリカとします。この二国さえ何とか承服させれば、そのほかはそれほどむずかしいこともないでしょう」

ここにも両国に滞在したときに得た陸奥の体験的国家観が活かされていました。

陸奥が正式に条約改正案を伊藤に提出したのは、明治二十六年（一八九三）七月五日。はたして天が陸奥に大いなる援助の手をさしのべてきたのでしょうか、折も折、朝鮮半島の覇権をめぐって対清国との関係が、風雲急をつげはじめたのです。陸奥のいう「反政府の気勢を国外へ転換する」、そのための絶好の機会が、期せずして訪れようとしていたといえます。

遂に成し得た条約改正

明治二十七年（一八九四）の春から夏へ、清国の日本軽蔑の政策はいよいよ露骨になってきます。朝鮮を自国の属国と考えて、日本を大陸から締めだす方針を清国はあらわにしてきました。日本にとっても、朝鮮に足場を失うことは生命線を絶たれることになります。と、事態が急変します。五月四日、東学党の反乱[*26]が起き、反乱鎮圧のため朝鮮政府は清国に派兵を要請し、日本もまた混成一旅団の朝鮮出兵を決定しました。

外相として陸奥は、対清国と条約改正のふたつの大問題をかかえ、あわただしい日々を送っている。骨身を削る毎日といっていいでしょう。条約改正案をめぐる議会での野党の相つぐ抵抗で、伊藤内閣はアップアップしていましたが、国民世論の焦点はいまや朝鮮半島のほうに切りかわっています。議会の攻防なんかとるに足らない問題となっていました。清国討つべしの強硬論が、条約改正の〝軟弱外交反対〟の声にとって代わっていたのです。陸奥が秘策とした「気勢を国外へ」の政略がまさに功を奏したのです。チャンスとみた陸奥は軍と歩調を合わせ、戦争への強硬路線を突っ走った。

七月上旬、清国は大軍を平壌《ピョンヤン》付近に集中、臨戦態勢をとります。日清間の外交交渉はいよいよ望みのないことになりました。が、陸奥の眼はむしろ一直線にイギリスに向けられています。条約改正の第一の突破口にイギリスを選んだのは、まさにこれを期してかのもののようでありました。

というのも、いよいよ戦争に突入となれば、日本は軍艦・大砲などの武器はもとより、さまざまな物資を外国から大量に買い入れなければなりません。戦争をしている国は、中立国にとっては上得意です。貿易大国のイギリスが他国に先んじてという計算で動くのは、自明の理ではないか。そのために日本と新条約を結んでおけば……。

七月十七日早朝、陸奥はロンドンの青木周蔵公使からの電報を受けとりました。青木はイギリス政府と条約改正談判を任地でつづけている責任者です。

「新条約は本日（七月十六日）調印を終われり。本使はここに謹んで祝詞《のりと》を陛下に奉《たてまつ》り、あわせて内閣諸公に向かって賀意を表す」

陸奥は結核の悪化もあり肉のそげた顔に、満面の笑みを浮かべました。わが意、まさに図に当れり。万歳と叫びたい思いです。安政いらいの不平等条約の束縛から日本帝国が三十六年ぶりに解き放たれた瞬間なのです。

政府は心から安堵に胸をなでおろしました。状況は完全に好転したといえる。この日の、第一回大本営御前会議は「もはや已《や》むをえない」として清国と戦火を交えることを決意しました。

八月一日の宣戦布告いらい、清国との戦いは日本軍が作戦どおりに連戦連勝で進撃し、世界を驚倒させました。長距離を迅速に踏破《とうは》できる健脚、どんな辛苦にも堪え得る忍耐心、黙々と任務を果たす攻撃精神、そのどれにも日本兵は秀逸であったのです。維新から二十七年、国内体制の近代化と軍隊組織の整備がここまで完了しているとは、だれの想像をも超えていました。

こうなると以後の条約改正交渉もやりやすくなります。イギリスがすでに調印したことであるし、各国の駐在公使たちは陸奥の指揮のもとに、あらんかぎりの努力を傾注します。国民世論を外へ向けさせる巧みな政略によって、清国関係の悪化と条約改正双方を一挙に解決するという陸奥の〝放《はな》れ業《わざ》〟はものの見事に成功したのです。二番手のアメリカとは明治二十七年(一八九四)十一月の調印まで漕ぎつけ、結果は各国が進んで交渉に応じ、明治三十年までにはすべての国との改めての対等の条約が成立しました。

日清戦争と三国干渉

日清戦争のほうは、新興国日本のかがやく勝利に終わります。講和条約は明治二十八年四月十七日、下関の春帆楼《しゅんぱんろう》において調印されました。

一、清国は朝鮮の独立国たることを認める。
二、清国は日本に遼東半島《りょうとう》（旅順）と台湾を割譲する。
三、清国は日本に賠償金二億両《テール》を七年賦で支払う。
四、欧米諸国が保有する通商上の特権を日本にも認める。

このときの日本国民の鼻息はまことに荒かったといっていいでしょう。軍人ともども、当たるべからざる勢いを示し、なにも和を結ぶ必要はない、清国を徹底的にこらしめよと叫ぶ声が天下に満ち満ちました。

陸奥は、しかし、冷静でした。日本は遼東半島を要求すべきではない、と強気一点張りの人生を送ってきたこの男が、珍しく一歩も二歩も引いた論を主張しているのです。なぜならこの地域はかねてロシアがねらっているところである。いや、清国に密接な利害関係をもつものは、ロシアだけでなく英米独仏の強国がある。国際間の微妙な空気を知っているだけに、陸奥は戦勝に浮かれることを本気で戒めたのです。しかしこの正論の通るはずはなかった。政府も軍部も国民も耳をかそうとはしませんでした。

調印の翌日、陸奥は伊藤博文とともに乗船し下関を引きあげようとした。埠頭《ふとう》は見送り人でいっぱいで、一行が栈橋《さんばし》の中ほどにきたとき、多くの人の重みで栈橋が折れ、群衆は海のなかへ投げだされました。陸奥も海中に没したのです。すぐ助け上げられましたが、それでなくとも結核の発熱で弱っていた陸奥の健康はこれでさらに悪化してしまいます。

四月二十三日、ロシア・フランス・ドイツの三国が、日本政府にたいし、清国から割譲せしめた遼東半島の放棄を強硬に要求してきたとき、陸奥は病床に臥《ふ》していました。二十四日の御前会議は、陸奥外相欠席のままひらかれ、断固拒絶は不可能、さりとて強要を呑むのは腑甲斐《ふがい》ない、日本に同情的な英米伊の三国にはかって列国会議をひらくことを提案しよう、という伊藤首相案を議決しました。

しかし、翌二十五日、議決内容を聞いた外相は、病いの床から起き上がりこれにも猛反対したのです。

「いま列国会議をひらくとすると、新しい干渉を導き、講和会議のすべてが破壊されることになるかもしれない。わが国力の無力は如何ともなしがたい。いまは臥薪嘗《がしんしょう》胆《たん》である。遼東半島を放棄するほうが万全の策といえよう」

資源のない、生産力の貧弱な日本の実力からすれば、これが正論です。五月四日、陸奥は回答を三国に送った。

「日本政府は三国の友誼《ゆうぎ》ある忠告にもとづき、遼東半島の永久所領を放棄することを約す」

講和条約にひきつづく三国干渉の心労は、陸奥の健康を完全にむしばんでしまいました。それは日本にとっては非常な不幸といえます。かつてのおのれの才にまかせて突っ走る唯我独尊的な男とは、似ても似つかぬ開明的な、先見の明のある大きな人物がそこにつくり上げられていたからです。

信念をつらぬく覚悟を

陸奥は国際社会に伍《ご》して日本が生きていかねばならない難しさを嫌というほど知りました。国益と国際協調と、「富国」と「強兵」と、互いに矛盾する難問をかかえ、おそらく日本はこれからも苦しい道を歩まねばならない。この矛盾するふたつのものを調和することは、言うは易く行うにこれほど難《かた》いものはないのです。

陸奥は自著『蹇蹇録《けんけんろく》』の終わりのほうで書いています。おのれの外交というものは「その進むを得べき地に進み、その止まらざるを得ざる所に止まりたるものなり」と。

自国の立場だけを主張して突っ走ればいいというものではない。止まらねばならぬところで止まりうるもの、それこそが外交の衝《しょう》にある者の責任である。彼はあえて止まることによって、国内政治の犠牲となり、あるいは国民の非難を一身に浴びるときがあるかもしれぬ。しかも、そうした度外れた覚悟は、従順さや小利口でごまかせることではない。それを成し得るものは、孤立無援にも耐え得る強い魂の持ち主である。そして成敗を問われたとき、唐の詩人李白《りはく》のいう「笑って答えず心おのずから閑《かん》たり」の境地に遊べるものだけであろう。そう陸奥はいいたかったにちがいないのです。

陸奥が永眠したのは明治三十年（一八九七）八月二十四日。遺著『蹇蹇録』の「蹇」とは易経《えききょう》にある言葉で、臣が一身の利害をかえりみず苦心惨憺《さんたん》して忠節をつくすという意味なのです。

＊22　安政の不平等条約　安政五年（一八五八）、江戸幕府がアメリカなど西洋先進五か国との間に締結した修好通商条約のこと。箱館《はこだて》・兵庫など五港の開港を

決めたが、関税自主権をもたず、治外法権を認める不平等な内容だった。

＊23 **海軍操練所**　江戸幕府が神戸に設置した海軍の教育機関。勝海舟が総管し、幕臣子弟・西国藩士を教育した。元治元年（一八六四）に開所したが、反幕府的な色合いが濃いとして翌年廃止。

＊24 **海援隊**　幕末に坂本龍馬らが長崎で組織した、貿易や海運事業に従事しながら倒幕を企図した政治集団。

＊25 **土佐立志社**　自由民権運動の中心となった政治結社。明治七年（一八七四）に板垣退助らが高知で結成。その後の愛国社・国会期成同盟・自由党の中核を担った。

＊26 **東学党の反乱**　一八九四年に起こった、朝鮮の歴史上もっとも大規模な農民蜂起。日清戦争の契機となった。甲午の年に起きたことから、甲午農民戦争ともよぶ。

正しいことを言う勇気

石橋湛山が思い描いた未来図

わたくしは湛山を調べて書きながら、
「立派な人だな」「立派な人だな」と言い続けました。
こういう人が日本人のなかに沢山いれば、
多分、日本の国家はこんなふうに誤ることは
なかったんじゃないかな、と思うわけです。

石橋湛山《いしばしたんざん》さん（以下、呼び捨てにさせてもらいます）がジャーナリストとして活躍した東洋経済新報社は、週刊誌を出した会社として恐らく日本で一番古いもののようです。あの講談社が創業一〇九年で、わたくしがおりました文藝春秋は九十五年ですから、今年で創立一二三年をむかえるというのは、やはり大変な伝統のある会社です。一二三年前といっても、皆さんパッと頭のなかで浮かばないと思いますが、明治二十八年（一八九五）、日清戦争が終わった年です。その明治二十八年に『東洋経済新報』が創刊されているわけです。

石橋湛山については、その東洋経済新報社から出した『戦う石橋湛山』で、わたくしはかなり詳しく昭和時代の湛山を書いております。ここでは、明治から大正時代の石橋湛山に触れておいたほうがよいと思いますので、そこから始めさせていただきます。

日清戦争と「外交的敗戦の体験」

いわゆる日清戦争ですが、日本は、明治の新政府ができてから二十七年しかたっていないころに、「眠れる獅子」と言われた清国を相手に戦争して勝利を得た。しかしながら、そのときにドイツ、ロシア、フランスの三国からものすごい干渉があった。日本は清国に勝ったからといって、清国の領土である大連《だいれん》や旅順のある遼東半島などを借り受ける、租借《そしゃく》するというようなことに出ているが、それはけしからぬという、いわゆる三国干渉を受けるのです。それで結局、遼東半島の割譲は放棄せざるをえなかった。つまり日本は戦《いくさ》には一応勝ったが、外交的には敗戦国になったわけです。この「敗戦の体験」が、明治のトップに立つ人たち、山縣有朋とか大山巌《いわお》、児玉《こだま》源太郎や山本権兵衛《ごんべえ》、誰でもいいですが、そういう人たちの心にものすごく強く響いたのです。戦闘に勝ったとしても、外交的にもきちっと勝利を確定しないことには、本当の戦争に勝ったとは言えない。日本はもっと世界の大きな動きに対してきちっとした認識を持たなければいけない、わが国だけで勝手に天下を取ったつもりでいてはならない、ということを骨身に沁みて感じたわけです。

これは日本の歴史を研究する人もあまり書かないことなのですが、このときの体験は非常に大きく、政治家や軍人だけではなく文学者とか芸術家、あるいは経済人、我々一般民衆でさえ、皆そういう思いをしたのではないでしょうか。

その後は有名な「臥薪嘗胆」という言葉で、日本は、国家というものをもう一遍しっかりつくり直していくわけです。その十年後、明治三十七〜三十八年の日露戦争のときには、国際的・外交的にもきちんと勝たなければいけないということで、ものすごい努力をします。開戦の前に、アメリカに金子堅太郎を送り込んだり――彼は、当時のセオドア・ルーズヴェルト大統領とハーバード大学で同窓とか、知り合いが多かったのです――あるいはイギリスにも深井英五《えいご》という経済人を送り込んだりして、努力をする。戦争というものを、世界史の流れのなかできちんと位置づけなければいけない、と考えるわけです。

『司馬遼太郎さんの『坂の上の雲』では、明治国家が非常に明るいものとして書かれていますが、ここまでが、日本人が心をひとつにして国家建設に努力していった、本当に真摯な気持ちで取り組んでいった、よき時代であったと言えるかと思います。

岐路をむかえる近代日本

この日清~日露戦争の時期に、東洋経済新報社は創立され、出発したわけです。そして『東洋経済新報』という名前が語るように、経済を中心に日本の国を考える、もっと言えばジャーナリズムとして、「我々はこの国の歩みに対して、つまり国力というものを基礎としてもう少しきちんとした目を向けなきゃいけないぞ」という、思いが込められていたのではないでしょうか。このころすでに東洋経済には、植松考昭《うえまつひさあき》とか三浦銕太郎《みうらてつたろう》といった、非常に開明的な意見を発表する方々がいて、日露戦争後の日本とまともに向き合っていた。

その日露戦争後の日本はどうなってしまったか。実はここが一番大事なところです。日本は戦争には勝ったのですが、この戦争で多くの人間を亡くし、国力のぎりぎり全部を投げ出し、使い切ってしまった。当時のおカネで二十億円近くという莫大な戦費を使ったが、半分ぐらいは外債・借金だった。国際的・外交的には、アメリカ大統領の仲介によって、きちっとした形で勝利を確定したことは確かなんですが、本当はもう、これ以上戦争が続けられないところで、やっとこさっとこ戦争を終結した――というのが現実だったわけですね。ですから本当はそのときに、そうした現実を国民に知らしめるべきだった。実はこの戦争は、これこれしかじか、全国力をギリギリまで挙げて勝ち、国際的には一応勝利という形で確定したのだけれども、もう国力に余力はない、我々としては、これからもう一遍きちっとした形で国家というもの、及び世界というものを考えなきゃならないのだ――というふうに、当時の指導者が、国民に徹底的に知らせればよかったとわたくしは思うのですが、知らせなかった。

日本の近代史を見ると、少なくとも日露戦争が終わるまでは、皆さんがお読みになっている『坂の上の雲』の時代であって、ひとつの大きな理想を求めて、日本人が皆心をひとつにして、本当に一所懸命になって働いて戦った時代であった。そのことは確かなんですが、戦争に勝った後、きちんとした戦争の現実、日本の国力の現実を国民に教えないで、「勝った勝った」「カッタカッタ」と、さながらに華やかな下駄の音のようなことばかり言って、日本人は有頂天になってしまった。何度でもくり返しますが、夜郎自大的な考え方になっていった。

ここに近代日本の栄光と悲惨があるわけで、栄光といえば確かに非常な栄光だったが、実はその後の始末をきちっとしなかった、そのために悲惨が始まったと、わたくしは見るわけです。

国家のビジョンという難題

つまり日露戦争後に、日本のリーダーは国民に、これからどういう国であるべきかという、国家ビジョン、国家戦略、国家像をはっきりと示さなかった。示せなかった。ただ、世界の五大強国のひとつロシアを破って、我々は世界の五大強国の仲間入りした、ものすごい強国になったんだ——という形で国民は指導されたわけです。

これに対して、東洋経済はそのころから、「これではいけないんじゃないか」と考え始めたと思います。

つまり、日露戦争が終わった時点で本当は、もう一度国力をよく考えた上で、日本は謙虚な国家、貿易中心の世界に優しい国家であるべきだ、というイメージを持った人たちも沢山いたと思います。事実、日本の今後を考えた場合に、「大日本主義」で行くべきか「小日本主義」で行くべきか[*27]という論議が、必ずしもなかったわけではなく、かなりの数の識者の間で論ぜられていた。追い追い申し上げるとおり、東洋経済はその大きな一角だったのです。

しかしその一方では、「いや、日本の国家はますます強くしなきゃならない」という、国家像を描いた人たちも多くいたわけです。それは、ひとつには、何といってもロシア（まだ帝政ロシアですが）という国の存在です。日露戦争で勝ったとはいえ、ロシア大陸軍はなお健在です。その後も含めて現実は厳しいものだった。なるほど、ご存じのように日本海海戦において、日本の海軍は、ロシアの東洋・アジアにいた艦隊、遠くヨーロッパからやってきたバルチック艦隊も合わせて、数の上では日本の倍に達する艦隊を、ほとんど全滅させた大戦果を上げたわけですが、ただ陸軍のほうは必ずしもそうではなかった。

陸軍は奉天《ほうてん》会戦で一応ロシアの陸軍を打ち破ったことになっていますが、ロシアは初めから、日本軍を、補給の届かないもっと奥地に引き入れて、そこで決戦に及ぶ戦略を練っていた。だからハルビンまでどんどん下がっていたわけです。つまりロシア陸軍は五十万もの大軍がなおアジアに健在だった。一方日本のほうは、奉天の会戦が終わったときに、もう本当に国力のありったけを尽くして、ぎりぎりになっていた。十万の軍隊もいないぐらいで、特に大尉・中尉・少尉クラスの前線の指揮官のほとんどが、戦死ないしはケガをしていて、後ろに引っ込まざるをえない。弾丸もほとんどなくなっている。これ以上戦争は続けられないという状況だった。ハルビン決戦などとんでもない。それで、ロシアがもう一遍復讐戦に出てくるのを非常に恐れていた。当時の流行《はや》り言葉に、ロシアを恐れる「恐露病《きょうろびょう》」というのがあって、夏目漱石の『それから』のなかにも、「あいつは恐露病にかかっているから、だらしないんだ」というような意味で出てきます。

このような事実を政府は国民に知らせることが出来なかった。つまり日本は歴史のリアリズムに徹し切れなかったのです。事実を隠したまま、日本の為政者は、国民を元気づけると同時に、戦争が終わっても借財を払うためにも税金を取らなければならないので、「勝った勝った、カッタカッタ」というにぎやかな音頭で、「日本の国の前途はこれから洋々たるものである、諸君らはもっと国家のために尽くせ」と煽りに煽ったわけです。そして路線としても、これから日本は「大日本主義」で行くべきだ、どんどん外に出て行って国力を強くしていくべきであると、唱える人たちが多くなっていくわけです。

ここで近代日本は大きな選択に迫られたのです。しかし結局、わたくしたち国民が、明治の終わりから大正の初めにかけて選んだのは、まさに大国主義、「小日本主義」ではなくて「大日本主義」のほうを選んだわけです。

この大日本主義に対して、はっきりと異を唱えたジャーナリストないしは学者も沢山いたと思いますが、だんだんその声は小さくなっていく。この辺が近代日本の一番つらいところであって、もう少し国民が本当の事実を知っていれば、そのような有頂天な気持ちになることなく、多分、近代日本は大分うまいほうへの道を歩いたのではないかと、わたくしは思うのですが、そうはいかなかった。それが歴史というものなのです。

日本の転換点と石橋湛山

ここに、東洋経済および石橋湛山が本格的に登場するわけです。「小日本主義」を唱える。外へ外へと出て行く無茶苦茶な拡張主義ではなくて、世界の尊敬と信頼を受けるような日本の国にすべきである、平和主義と経済中心の、一生懸命に国を富ませていくような形の国にすべきである——と唱えていたのが東洋経済であった。石橋湛山は明治十七年（一八八四）九月生まれです。明治十七年生まれというと、わたくしのように昭和史をやっていると、軍人ばかり調べることが多くなるのですが、後の連合艦隊司令長官・山本五十六《いそろく》、あるいは日米開戦時の総理大臣・東條《とうじょう》英機《ひでき》陸軍大将、また昭和史の初めのほうでは陸軍統制派、いわゆる新しい陸軍国家をつくろうとしたが、昭和十年（一九三五）に暗殺されてしまう永田鉄山《てつざん》も、皆、明治十七年の生まれです。政治家では近衛《このえ》文麿《ふみまろ》が明治二十四年（一八九一）生まれですから、ちょっと後になります。

つまりこの世代は、山本五十六が日露戦争に従軍したのが二十歳ですから、ちょうどそのころに、日露戦争——栄光の日本を目の前にし、その後の大日本主義、外へ外への拡張主義を体感するという、青春時代だった。湛山も、そういう時代に自分の青春時代を送ったわけです。

そして湛山は、明治四十年早稲田大学を卒業し、特待研究生として宗教研究科に進んだ後、明治四十一年に一度東京毎日新聞社に入社するがすぐ辞めて、明治四十四年一月に東洋経済新報社に入るわけです。

明治四十年（一九〇七）という年は、実は日露戦争後の一番の転換点なんですね。わたくしはとかく軍事的に話をしてしまうのですが、まず明治四十年に日本は新しく国防方針「帝国国防方針」を決めます。仮想敵国を、海軍はアメリカ、陸軍はロシアのふたつに決めて、軍備を強大なものにしていく。いざというとき、アジアの近海で戦ってこれを撃滅できるような、日本海海戦をもう一遍再現できるような、強力なる艦隊をつくることを決めたのです。

また、大山巌とともに日露戦争を戦った児玉源太郎が明治三十九年七月に急逝したので、子爵から伯爵に上げるのですが、つれて翌明治四十年、山縣有朋、大山巌、東郷平八郎、乃木希典、その他エトセトラの皆が、論功行賞で公爵や伯爵に上がって、華族になるのです。乃木は、日清戦争後に男爵になっていたが、二階級特進で伯爵になる。ただ乃木を特進させるためには、乃木・第三軍司令官の下の参謀長・伊地知《いぢち》幸介を上げないと釣り合いがとれないので、この明治四十年に男爵にしています。

しかしこの軍司令官と参謀長は、旅順攻略戦で一体どういうことをやったのか。どれだけの死者を出したのか。それはきちっとした記録、歴史として残してある。戦争での事実は否定しないのですが、一般的には隠すのです。すなわち軍極秘とする。そして戦争というものを華々しい美談で発表し、「神話」をつくりあげ、勝利につぐ勝利の格好いいものだけにして、世の中に出す。そのひとつが爵位を授けること（叙《じょ》爵《しゃく》）なんです。そういうことを決めたのが明治四十年。そのころからわたくしたちの日本は大日本主義を選択して、肩肘を張って外へ外へと出るわけです。

正しいことを言う勇気

湛山は明治四十四年（一九一一）、東洋経済に入って、既におられた植松考昭や三浦銕太郎などの先輩の社員と、話し合ったと思います。熱の入った論議がかわされたと思います。その感化・影響を受け、あるいは教えを請うて、次第次第に、今、日本人が選んでいる大日本主義のような方向では、かえってこの国を滅ぼしてしまう、これからはむしろ小日本主義で行くべきであるということを、強く思い至るわけです。

またその前に、これはわたくしも今まであまり書いてこなかったことなのですが、早稲田大学に田中王堂《おうどう》という大変立派な先生がいて、湛山は教えを受けている。田中王堂はアメリカでジョン・デューイから、いわゆるプラグマティズムを学んでいる。湛山はこの王堂からプラグマティズムの考え方を身に付け、日本も、ただ夢みたいな、現実的ではないことを考えて外へ出て行くことは間違っている、むしろ実際に実利を伴うような形で物を考えるべきだと。リアリズムに徹すべきだと。もちろん湛山には、そうした物の考え方への素質もあったと思う。その素質を生かしながら、新しい先輩たちの意見を聞いて、自分のなかでこの国の将来のあり方をどんどん考えて構想していったのだと思います。

わたくしが湛山の大正時代の論文を読んで一番驚くのは、大正三年（一九一四）八月の第一次世界大戦が勃発したときのものです。

欧州での大戦に、世界はたちまち動乱に巻き込まれ、日本も「大日本主義」の下で早々にドイツへ宣戦を布告します。実は、日本はイギリスと日英同盟を結んでいるから、イギリスから「おまえたちもアジアのほうを受け持って、ドイツへ宣戦布告してくれ」と頼みに来ると思っていたら、イギリスはイギリスの思惑があって、来ない。だから日本は勝手にドイツに宣戦布告して、ドイツを叩きつぶしてドイツがアジアに持っていた権益を次から次へと日本のものにして行くわけです。南方のトラック島（現チューク諸島）とかポナペ（現ポンペイ島）とか、ドイツ領だった南洋諸島を片っ端から占領していく。同時にドイツのアジアの根拠地だった中国の青島《チンタオ》に兵を送って自分のものにする。まことにヨーロッパのほうの大火事の最中に、どさくさ紛れというか、「日本の国を強くするためには当然のことである」として、軍を送って行ったわけです。

このとき、湛山はこう言うんですね。「膠州湾《こうしゅうわん》のドイツ陸軍のごときは棄てておいて害なし。むしろかかる微々たる者を相手に大兵力を送り、攻略せんとすれば、日本は当然の責任と義務の範囲を超えたることになり、逆に禍乱《からん》を生じるであろう」*28と。

しかし、こうした主張におかまいなく、青島攻略は完成する。すると湛山は、さらに「青島は断じて領有すべからず」と提議するのです。

「日本が満洲《まんしゅう》割拠に加えて、さらに青島を根拠にして山東《さんとう》の地に領土的経営を行えば、支那《しな》への侵入はいよいよ明白となって、世界列強の視聴を聳動《しょうどう》（驚かし動かす）させるは必定。しかも、我が国がそれにより得るものは、支那人の燃ゆるがごとき反感と列強の嫌悪を買うのみで、これを悪として見る。領土をふやし利権を得ても、経済上の利益は何もない。我らはあいまいな道徳家であってはならない。徹底した功利主義でなければならない」[*29]と、湛山は書くのです。大正三年、湛山はまだ三十歳なんです。

翌大正四年（一九一五）、今度は、日本が中国に出したいわゆる「対華二十一カ条」[*30]に対して、湛山は猛烈な勢いで反駁《はんばく》します。これもまたどさくさ紛れに、日本が清国の権益を永久に保持するような無茶な条約を突きつけたのに対して、湛山は、「中国に対する談判は、ドイツに開戦して青島を取ったことから糸を引いて出て来た大失策である。その我が帝国に残す禍根《かこん》に至っては、一層重大である。我が要求が多く貫徹すればするほど、世人はこれを大成功として祝杯を挙げるだろうが、吾輩は全く所見を異にして、禍根のいよいよ重大になるを恐るるものである」[*31]と。

これが、湛山が対華二十一カ条に対して書いた文章です。この遅れてきた帝国主義（領土拡大主義）は将来のためにならないと。大正四年、三十一歳です。

石橋湛山が思い描いた未来図

わたくしは大正時代を調べていて、石橋湛山ほど、国家のあり方、国家の理念、あるいは国家の前途というものに対して、きちっとした見方を持っていた人は、日本ではあまりいないんじゃないかと思います。いやはや、三十歳あるいは三十一歳にして、日本の国、近代日本がいかにあるべきかについて、きちっとした戦略論、つまり国家像を持っていたのです。

先ほど挙げた山本五十六や永田鉄山にしろ、いわんや東條英機にしろ、こんな考え方は全く持っておりません。さらに現代のわたくしたちも、今の内閣をはじめとして、「これからの日本はいかにあるべきか」ということに対して、本当に誰もビジョンを持っていない。当時、大正〜昭和の日本にあったのは、ただひとつ「大日本主義」です。世界のひんしゅくを大きく買いながら、外へ外へと拡張して行って、やがて世界中から総スカンを食い、世界中を相手に戦争をするに至るわけです。

そして、大正十年(一九二一)七月、湛山は、三十七歳になる直前ですが、ご存じの「一切を棄《す》つるの覚悟」[*32]、さらに続けて「大日本主義の幻想」[*33]という、有名なふたつの論文を書きます。ここでは、日本が戦略的体制としている大日本主義が、いかに国家を滅ぼす非常な愚策であるかということを物語るわけです。

この「一切を棄つるの覚悟」というのは、今読むと「ええっ、当時、そんなこと本当によく言ったね」と思うのですが、まだ読んでいない方もいるかと思いますので、ちょっと読んでみます。大正十年、昭和になる前です。

「もし政府と国民に、総《すべ》てを棄てて掛《かか》るの覚悟があるならば、（中略）必ず我れに有利に導き得るに相違ない。例えば満洲を棄てる、山東（青島とその他）を棄てる、その他支那が我が国から受けつつありと考うる一切の圧迫を棄てる、（中略）又例えば朝鮮に、台湾に自由を許す、その結果はどうなるか。英国にせよ、米国にせよ、非常の苦境に陥るだろう。何となれば彼らは日本にのみかくの如《ごと》き自由主義を採られては、世界に於《お》けるその道徳的位地《いち》を保つを得ぬに至るからである」

つまり、日本だけがそういう自由主義をとれば、世界のなかでたった一国、本当に世界の人たちが喜ぶ道徳的地位を、日本の国が保つことができるようになるのだ、と。

「その時には、支那を始め、世界の小弱国は一斉に我が国に向って信頼の頭を下ぐるであろう」というのが、湛山の「一切を棄つるの覚悟」なのです。

つまり、すべての日本の植民地政策をやめて、早く朝鮮も台湾も捨てたほうがいい。そして自由な貿易を盛んにしたほうがいい。そうすることによって植民地を抱えているイギリス、アメリカ、オランダ、その他の国々も、みんな困ってしまうに違いない。もっとはっきり言えば、植民地のなかから独立運動が起きて、きっと大変な大騒ぎになるだろう——ということを、湛山は予見しているわけです。

さらに続いて「我が国にして、ひとたびこの覚悟をもって会議（大正十年のワシントン海軍軍縮会議のことです）に臨まば、思うに英米は、まあ少し待ってくれと、我が国に懇願するのであろう。ここに即ち『身を棄ててこそ』の面白味がある。遅しといえども、今にしてこの覚悟をすれば、我が国は救わるる。しかも、これがその唯一の道である。しかしながらこの唯一の道は同時に、我が国際的位地をば、従来守勢から一転して攻勢出《い》でしむるの道である」と、湛山は書くわけです。

つまり、国際会議において、日本があえてこの「一切を棄つるの覚悟」を表明して、世界各国のリーダーたちを納得させろ。そうすれば各国はみな困る。世界の弱小国はみなこれを非常に歓迎する。まさに日本は道義的な意味において、守勢から攻勢に転ずることができるのである、と。

こうして見ると、湛山の意見は、当局の弾圧を恐れず、大正から昭和に向かってますます厳しくなる、強くなるということが、もう皆さんにも察せられると思います。わたくしは湛山が、昭和史において、いかに大国主義が誤っているか、小国主義で行くべきである、日本は軽武装で貿易中心の優しい国であるべきであるという論を、本当に揺るぎもしないで押し通した、たった一人といってもいいかと思います。

言論の自由への揺るぎない信念

その後ろには、湛山のなかに言論の自由に対するものすごい強い信念があった。昭和七年（一九三二）、湛山は言論の自由についてははっきりと書いています。「言論の自由は、しからずんば（そうでなかったら）鬱積《うっせき》すべき社会の不満を排泄せしめ、その爆発を防ぐ唯一の安全弁なり」[*34]と。

またのちには「いろいろな意見、報道がなされることで、日本国民の批判能力を養うことができ、見解を偏《かたよ》らしめず（つまり物の見方・考え方を偏らせないで）、均衡《きんこう》を得た世論をつくることができるのである」[*35]とも述べています。

とにかく言論の自由こそが大事であると、湛山は書く。だから自分は、どんなに圧迫を受けようが、弾圧を受けようが、これを言い続けるのであるというのが、大正から昭和にかけての石橋湛山のきちんとした考え方、基本姿勢であったかと思います。

わたくしは湛山を調べて書きながら、「立派な人だな」「立派な人だな」と言い続けました。わたくしもいろんな人を書きましたが、物を書くということは、その人と本当に長時間、一対一で付き合うような形になるんです。それで、たとえば山縣有朋を調べて書いていると、最初はこの人も立派な人だなと思いながらも、だんだん晩年になると「この野郎、嫌なヤツだな」と。これはもう止めようかなと、くたびれ果てて参ったのですが、石橋湛山のときはそういうことはなく、終始一貫最後まで、この人はすばらしい人だ、こういう人が日本の言論人及びインテリゲンチャ、そして一般の人のなかにも沢山いれば、多分、昭和戦前の日本の国家はこんなふうに誤ることはなかったんじゃないかな、と思うわけです。

特に昭和も十年代のお終《しま》いのころ、つまり太平洋戦争が始まって、日本の国には完全に言論の自由はなくなり、反軍的なあるいは反政府的な言論はすべて弾圧されるとなったときに、東洋経済も大きな意味ではげしい弾圧を食います。ですから会社のなかでは大モメにモメた。あまり強い物の言い方を押し通さないで、少しは政府や軍の言うことに沿う言論を展開したほうがいいんじゃないか、という意見が出たときに、石橋湛山はこう考えたのです。そして全社員に伝えました。

「東洋経済新報には伝統もあり、主義もある。その伝統も、主義も捨て、いわゆる軍部に迎合《げいごう》し、ただ新報の形だけを残したとて、無意味である。そんな醜態を演ずるなら、いっそ自爆して滅びた方が、はるかに世のためになる。そんな東洋経済新報なら、存続させる値うちはない[*36]」と。

この言葉は本当にすばらしい、ものすごくいい言葉だとわたくしも思います。わたくしも今、変なことで迎合するぐらいならば、自ら滅んだほうがいい――と思わないでもないわけです。

＊27 **「大日本主義」で行くべきか「小日本主義」で行くべきか**　支配領域を海外にまで広げて国土の増大を目指す拡張政策をとるべきか、あるいは植民地を放棄して国内の政治経済的合理性を重視するべきかという、日本の外交思想をめぐる議論。

＊28 **「膠州湾の〜であろう」**　「好戦的態度を警《いまし》む」『東洋経済新報』（以下略）一九一四年八月十五日号社説、『石橋湛山全集』第①巻（東洋経済新報社、以下『全集』）所収。

＊29 **「青島は〜」「日本が〜でなければならない」**　一九一四年十一月十五日号ほか、「重《かさね》て青島領有の不可を論ず」十一月二十五日号、「先ず功利主義者たれ」一九一五年五月二十五日号、各『全集』①所収。

＊30 **対華二十一カ条**　第一次大戦中の大正四年（一九一五）、日本が中国に受諾させた二一か条の要求。山東省のドイツ権益の継承、満鉄・安奉《あんぽう》鉄道の租借の

九九年延長などを要求し受諾させた。これに対し、中国国内では反日運動がまきおこった。

*31 **「中国に〜ものである」**「禍根をのこす外交政策」一九一五年五月五日号社説、『石橋湛山評論集』（岩波文庫）所収。

*32 **「一切を棄つるの覚悟」**一九二一年七月二十三日号社説、『全集』④所収。

*33 **「大日本主義の幻想」**一九二一年七月三十日号〜八月十三日号、『全集』④所収。

*34 **「言論の自由は〜安全弁なり」**「国難打開策の三項目」一九三二年五月二十一日号、『全集』⑧所収。

*35 **「いろいろな意見〜のである」**「独逸《ドイツ》の背反は何を訓《おし》えるか」一九三九年九月二日号、『全集』⑪所収。

*36 **「東洋経済新報〜はない」**『湛山回想』（岩波文庫）所収。ほか当時の発言では「創刊四十九周年を迎えて」一九四三年十一月十三日号、「石橋社長訓話」一九四四年六月十五日、各『全集』⑫所収。

言論の自由をいかに守るか

権力とメディアの日本史

言論の自由というものは、
ある日突然に奪われるというものではありません。
権力によって外堀から内堀へと
じりじりと埋められていって、
いつの間にか「自由」は動きがとれなくなる。
戦前日本の歴史がそう教えてくれています。

国家権力とメディアの歴史

むかしの日本海軍には「列外《れつがい》のもの発言すべからず」という、うるわしい伝統がありました。その掌《しょう》にないもの、つまり責任をもてない外部のものは余計な発言をしないということです。人間は齢《よわい》八十を超えればその列外のもの、と自分にいい聞かせてウトウトしているうちに、わが平和な日本国もいつの間にか、ひどくキナ臭くなっていることに気づかせられます。

いや、「もうのっぴきならないところまで来ている、非常時なんだ」という友もいるのです。安倍政権は〝経済最優先〟といいながら、いっぽうで国会多数派をいいことに、特定秘密保護法や日本版NSC（国家安全保障会議）、そして集団的自衛権へと、自前の〝国家戦略〟を強引に進めている。いずれもさしたる国民的論議のないままに、数を頼んで衆参両議院を通過させてしまった、と。なるほど、もはや非常時というべきなのか、と思わないでもありません。

それにつけても、この国の明日をあらぬ方向へひん曲げようとする、こうした国家権力に対抗できるのはメディアしかない、と思うのですが、その肝腎《かんじん》のメディアがなんとも頼み甲斐ないように思えてならないのです。

たとえば特定秘密保護法です。これを衣の下の鎧《よろい》のごとくに権力がちらちらさせているときは、メディアにとってこれは一大事と危機感をもたず、いや問題視すらせずに放っておいて、法案が審議入りしてからやっと重い腰をあげました。野球にたとえれば九回裏ぐらいまで試合が進んでから大騒ぎしはじめた、とそんな印象なんです。

権力者たちが「言論の自由や国民の知る権利を侵すものではない」というから大丈夫だろうと、まさか楽観をきめこんでいたわけでもありますまい。新聞やテレビの記者諸君がこの国の過去の歴史について、それほど不勉強であるとは思いたくもない。うすうす危うさを感じていたが、まだ充分に時間があるであろうと考えていたに違いないと思うのですが、さて、どんなものか。

記者諸君には釈迦《しゃか》に説法にすぎないかもしれませんが、今回の特定秘密保護法は、情報の隠蔽《いんぺい》操作の絶好の手段を権力に与えてしまったということだと考えます。「秘密」というが、何が秘密なのかはっきりさせないで、取材のほうだけ規制する。なるほど、メディアの取材活動には配慮すると条項にきちんと記されてはいます。しかし、いとも稚拙で漠然として曖昧《あいまい》な条項というものは、運用次第ではどうにでもなってしまう。

非情な「軍機保護法」の影

昭和戦前のこの国には秘密保護法として、主要な法律が三つありました。「軍機保護法」「軍用資源秘密保護法」[*37]「国防保安法」[*38]です。どれもそれぞれに猛威をふるいましたが、なかんずく「軍機保護法」というものがわれら民草にはおっかない法律でした。

作戦・用兵・動員・出師《すいし》その他を軍事上の秘密として、その漏泄《ろうせつ》を防ぐことを目的としたもので、法律ができたのは遠く明治三十二年（一八九九）でしたが、これが改訂されてより強力にメディアおよび民草を縛るようになったのが昭和十二年（一九三七）八月で、七月に日中戦争がはじまり、字義どおり戦争下になってからです。罰則もあらたまった。

「七、秘密を探知しまたは収集した者——六月以上一〇年以下の懲役」
「九、偶然の原由《げんゆ》により秘密を探知しまたは収集したる者これを他人に漏泄したとき——六月以上一〇年以下の懲役」

とあらためて書いてみましたが、実際のところ、改訂前からこの軍機保護法はわれら民草の日常生活のなかで、かなりの威力を示していたのです。そのことを教えてくれる歌人斎藤茂吉《もきち》の日記があります。

「今朝六時半突如として赤坂憲兵分隊から三名来りて、茂太《しげた》の部屋と僕の部屋の家さがしをした。引出しまであけて私信まで細々と読み、茂太の部屋のも何でもあざいて、写真機二つと種板《たねいた》とか帳面等いろいろ持つて行き、茂太が明日入学試験で大切な日だからと言ふにも拘《かかわ》らず連れて行つてしまつた。これが下の忠良なる臣民に上する仕打であるか」（昭和十一年四月十二日）

茂吉の長男、いまは亡き精神医学者にして随筆家・斎藤茂太氏が、中学生ごろ、憲兵隊に連行された事実を語る一節です。

当時から茂太氏は飛行機好きでした。そのために軍の秘密ともいうべき新鋭機の写真をもっているとの疑いがかけられたのです。あるいは密告するものがいたのかもしれません。それにしても軍の横暴が眼にみえるようではありませんか。入学試験を明日にひかえた中学生を検束《けんそく》するのに、なんの容赦もなかったのですよ。

念のために書いておきますが、これは日中戦争がまだはじまっていない平時のときの出来事なんです。

八十年前にも聞いた「危険な運用はいたしません」

日中戦争のはじまった昭和十二年（一九三七）以降は、それが改訂されてもっときびしくなったのですから、暗鬱《あんうつ》な世の中になったであろうことは容易に察せられるでしょう。当時はまだ小学生であったわたくしの記憶にも、大人たちが次第にコソコソ話をしなくなりどんどん寡黙《かもく》になっていったことが残っています。

もちろん大幅に改訂されるにさいして、当時の帝国議会では論戦がありました。速記録があって、軍部や政府側の答弁が残されています。

議員「これもあれも秘密となると、非常に危険なことになりはしないか」

陸軍担当者「決して国民に目をふさぎ、耳をおおえというような、昔の代官時代の立法ではないのである」

予算を審議するにさいして、たとえば駆逐艦一隻建造するとなったら、その人件費がどのくらいか、これは調査しなくてはならない。それを調べたら、なんと、これは軍機だといわれて監獄へぶちこまれるというようなことになったらコトで、それは「憲法政治の根柢的の破壊となるではないか」という質問に、司法省（現法務省）の役人は麗々しく答えています。

「危険な運用はいたしませんので、ご安心を」

いつかどこかで展開されていたような一問一答ではないですか。

議会の論戦のなかに、憲法という言葉がでてきましたが、当時の大日本帝国憲法にも臣民の権利と義務を定めた章がありました。居住移転の自由、親書の秘密、信教の自由、言論の自由など、基本的な自由と権利が認められていたのです。ただし、そのほとんどが「何々せざる限りにおいて」「別に定める法律の範囲内で」というワクがはめられています。じつは、戦前の日本人の基本的人権が踏みにじられたのは、このワクがうまく拡大されて使われたゆえになのでした。

こんどの特定秘密保護法も二十二条二項で「出版又は報道の業務に従事する者の取材行為については、専《もっぱ》ら公益《こうえき》を図《はか》る目的を有し、かつ、法令違反又は著しく不当な方法によるものと認められない限り」正当な業務行為とする（処罰されない）と定めています。ここが曲者《くせもの》なんです。

この「公益」はいくらでも権力側によって拡大解釈ができる。こうした大義名分的な文言が大手をふるって躍《おど》り出てくることが、戦前もそうでしたが、歴史のいちばんおっかないところなのです。さらにここでは何が「良い取材」で何が「悪い取材」なのかは、捜査機関や裁判所まかせになってしまっていることに注意して下さい。

それに、取材方法の良否というものは、記者や編集者のモラルの問題でして、刑罰で規制すべきことではまったくない。それが条項になっていることがそもそもおかしいと思いませんか。

権力を監視する役割を放棄するな

くり返しますが、この特定秘密保護法の制定にさいしてのメディアは、どこか緊張感に欠けるところがあったのではないか、と思われてなりません。間違いなく、いまこの国は歴史の分水嶺《ぶんすいれい》にさしかかっています。権力が、時の政治・外交の舵をどう切るかによって歴史の流れが大きく変わります。それをしっかりと監視するのはメディアしかない。われら民草からのきびしい批判を避けるために、国家権力がやる欺瞞《ぎまん》的な施策が、特定秘密として隠蔽される危険性はもう目に見えています。それをそうさせないのがメディアの役割なのです。いや、記者諸君に課せられた義務といっていい。なのに、九回裏になってバットをびゅんびゅんいくら力一杯に振ってみせたって、それは十日の菊というものよというほかにないのです。

こんなふうに、列外の隠居は、ちかごろの鬱々たる世情を横目で眺めながら、若いやつらの「戦争ゴッコ好き」が、もう一度あの日本中を焼け野原にした時代を到来させるかもしれないな、歴史はくり返すというからな、とそんな愚にもつかないことをボソボソつぶやいています。何しろ、歴史を形作るのは人間です。この歴史を形づくる人間の本性が変化しないかぎり、人間は過去も現在も未来も変わりなく、同じような善行と悪行をくり返すものですから。

その観点から、あるひとつの事実をふり返ってみようかと思います。

軍部にメディアが一丸となってたちむかった日

それはメディアが正面から権力に立ち向かって堂々の論陣を張った、戦前昭和史のもっとも輝けるときなのです。昭和五年（一九三〇）、といえば、ちょっと歴史に通じている人には、海軍のロンドン軍縮条約をめぐって「統帥権干犯《かんぱん》問題[*39]」で大揺れに揺れた年とただちにわかるでしょう。このとき、日本のメディア（主に新聞だけですが）は、敢然《かんぜん》として勢威を拡大しつつある軍部に歯向かって、時の政府をバックアップしました。ここには朝日新聞のみを例としてあげてみますが、朝日のみならずこのときのメディアはどこも一丸となっての抵抗を見事に示しました。

統帥権干犯にたいする、朝日新聞の主張は明快です。

「軍会部条令の如何《いか》なる条項も、根本法たる憲法第五十五条の国務大臣の輔弼《ほひつ》と対抗して、当然に重要国務たるべき兵力量決定に関し、別途の意見を有しうべき理由はない」（八月二十四日）

文法的に妙なところがある文章ですが、つまり、兵力量の決定は国務であり、軍部は政府の一致した決定にしたがうべきであると、いい切っているわけです。また、条約批准《ひじゅん》をめぐって枢密院*40がゴタゴタ文句をいいだし、政府に対決という形で尖鋭化してくると、これに対しても叱りつけました。

「政治上無責任の地位に居り、また国民の代表機関でもない枢密院が、責任政府以上の権力を発揮し、その時々に有する政治的色彩によって反政府的意見を奉答《ほうとう》しては、立憲政治は根本から覆《くつがえ》さるるのほかない」（七月二十七日）

返す刀で、さらに確固たる意見をもって、政治介入をしてくる陸軍にもハッキリした表現で斬りつけました。海軍軍縮と歩調を合わせて、内閣は陸軍整備にも手をつけたのですが、陸軍の事実上のボイコットにあって政策実施は難航しました。そのことをきびしく批判したのです。

「空前の経済困難を打開する上に、軍費の節約が絶対必要なることは、今や国民の常識である」（八月一日）

さらに翌六年（一九三一）五月、政府が責任をもって軍縮の政策もたてないのをよいことにして、軍部は軍費を削減しない方向で改革の方針をまとめました。これにたいしても朝日は容赦なく論じたのです。

「軍備縮小は軍部当局の要求ではなくて、陸海軍にたいする国家的要求なのである。はじめから軍人の仕事ではなくて、政治家の仕事なのである」（五月五日）

いかがなものか。胸のすくような快論ではありませんか。「軍縮は政治家の仕事」といいきり、これからの戦争は国家総力戦になるという軍人の世界観・戦略観と同じような認識をもち、それゆえに、軍事力以外の国力をも培養せねばならないとする、眼くばりのきいた論拠からの軍部批判でもあったのです。その基調には、軍部の独走を危険とみるきわめて健全な考え方があったことは明らかです。

歴史に残るメディアの栄光と敗北

軍部はこうしたメディアの批判をにがにがしく思いつつも屈せざるをえませんでし

た。なぜなら世論が新聞を支持しているからです。のちに絶大な権力をもち軍刀の威《い》嚇《かく》によって世論をリードしていった時代（二・二六事件以後）と違い、軍はなお世論の動きに敏感にならざるをえなかったのです。

ときの朝日の編集局長緒方竹虎《おがたたけとら》が、戦後になってこう述懐《じゅっかい》しています。

「（軍部にとっては）新聞が一緒になって抵抗しないか、ということが終始大きな脅威であった」

「実際、朝日と毎日が本当に手を握って、軍の政治干与を抑えるということを、満洲事変の少し前から考えもし、手を着けておけば出来たのじゃないかということを考える」

メディアが一緒になって勇気をだして発言すれば……緒方の戦後の嘆きは、そのまままいまに通じています。特定秘密保護法案が国会で論議されているとき、「メディアはこう考える」とひとつにまとまって意見を強く権力に示せば……いや、それははかない夢想にすぎないのでしょうね。

念のために書いておきますが、戦前日本のメディアが権力を監視し強力に反対意見をだし、世論をリードしたのは、残念ながらそこまでであったというのは、歴史の示すとおり。

その年（昭和六年）の九月、新聞と世論に押されてタジタジとなっていた陸軍は、面倒くさいとばかり謀略的に満洲事変を起こしました。その第一報がラジオによって伝えられ、臨時ニュースが時をおかず流されると、新聞は負けじと勇ましい報道をはじめるようになったのです。各社が号外を連発、この「号外戦」が民草を「戦時下日本」への道へと煽っていきます。

事変が起こったときの朝日の社説はこうです。「事件はきわめて簡単明瞭である」といいきって、つまり「暴戻《ぼうれい》なる支那側軍隊の一部が、満鉄線路のぶっ壊しをやったから、日本軍が敢然として起《た》ち、自衛権を発動させたというまでである」と、一刀両断なのです。

新聞は、戦争とともに繁栄し、黄金時代を迎えるという日露戦争いらいの鉄則があると聞きますが、それが見事に立証されている、というほかはないようです。

言論の自由をいかに守るか

いやはや、長々と老爺心《ろうやしん》的な説教をやらかしたようです。こうして新聞が軍の応援団となった結果がどうなったか、それはもう衆知のことでしょうから以下は省略しますが、くどくど申し上げたのは、それほど特定秘密保護法は明日のメディアに重大な影響を及ぼす法律であると思うゆえになんです。

この法律の危険なところは、たとえば反権力的な一人の記者を標的にして、「悪い取材」ゆえにとひっかけることができるということなのです。結果として自主規制が拡大し、民主主義の根幹たる言論の自由を萎縮させる。これはほんとうに恐いことです。

言論の自由というものは、ある日突然に奪われるというものではありません。権力によって外堀から内堀へとじりじりと埋められていって、いつの間にか「自由」は動きがとれなくなる。戦前日本の歴史がそう教えてくれています。メディアよ、監視を怠るなかれ、ということです。

＊37　**軍用資源秘密保護法**　昭和十四年（一九三九）に公布された、軍用資源に関する情報が外国に漏洩することを防ぐ目的で制定された法律。

＊38　**国防保安法**　昭和十六年（一九四一）に公布された、軍事・外交・財政・経済等に関する国家機密が敵国に漏洩することを防ぐために制定された法律。

＊39　**統帥権干犯問題**　昭和五年（一九三〇）、浜口雄幸《おさち》内閣のロンドン海軍軍縮条

約調印に際し、海軍軍令部の承認なしに兵力量を決定することは天皇の統帥権を犯すものであるかをめぐって、国論を二分した政治問題。

＊40 **枢密院** 旧憲法下における天皇の最高諮問機関。議長・副議長・顧問官により組織され、内閣から独立した機関として、藩閥官僚の拠点となった。

知識人の役目

小泉信三と戦後日本の精神

日本人全体の気持ちが、
一斉にダーッとひとつの方向に
流れて走っていってしまう。
先生のいうところの〝晴天の友〟ばかりがまわりにいる。
そのような状況下にありまして、
小泉先生のように「ノー、違う」とはっきりいえる人が
もはやいないということが、
いまや日本の危機、
返す返すも残念でならないと思います。

「勇気ある自由人」小泉信三

わたくしは文藝春秋という会社に勤めまして、一介の編集者としまして小泉信三先生の担当になりました。そのために小泉先生の広尾のお宅にちょくちょくお伺いいたしました。それで小泉先生の謦咳《けいがい》に接するというよりは、むしろばか話をいたしまして、笑われたり呆れられたりしながら、たくさんのことを教えていただきました。

小泉先生がお亡くなりになりました次の月、つまり昭和四十一年（一九六六）の六月十日に出ました『文藝春秋』、七月号になりますが、そのときに小泉先生を偲《しの》びまして、元総理の吉田茂、松永安左エ門《やすざえもん》、西脇順三郎、あるいは入江相政《すけまさ》といった、先生ご存じよりの方々に、三十四人だと思いましたが、ご寄稿を願いまして、大々的な特集を組んだわけでございます。そのときのタイトルが「勇気ある自由人・小泉信三」という題でした。何を隠しましょう、この題はわたくしが付けたものでございます。

当時わたくしは文藝春秋の筆頭デスクをやっておりまして、初め小泉先生を偲ぶようなことで、ごくごく親しい方お二人に論文といいますか、回想録風のものをお願いしたのですが、後に編集長と相談いたしまして、そんな二本や三本のもので尽きるような先生ではない、これは大々的に小泉さんを偲ぶ特集をやったほうがいいということで、三十四人の方に原稿をお願いしましてその特集に付けた題でございます。この題でわたくしはもうすべて小泉先生をいい尽くしているのではないか、というふうに思います。従いましてもうこの題をいえば、わたくしの話なんかしなくてもいいわけです。しかしながらせっかくの機会ですので少しお話し申し上げます。

その前にちょっとこの七月号の雑誌で、非常に思い出深い話がございます。約一週間ぐらい前に当時は見本が配られてくるわけです。社員全員に配られて、先に読むわけです。見本が出た翌日だと思いましたが、わたくしが十時ごろ会社へ出社いたしましたら電話がリンリン鳴っておりますので電話をとりますと、

「佐佐木だが」というんです。

「どちらの佐佐木さんですか」といいましたら、

「社長の佐佐木だ」

あっと驚きました。

「編集長きているか」というから、

「きておりません」

「きたら真っ直ぐにキミと二人で社長室へこい」といわれまして、何事かと思いました。当時の社長は佐佐木茂索《もさく》と申しますが、その声はキンキンとして非常に興奮したような口調でした。編集長がくるのを待っておりまして、

「何だか知らんが上の御大が怒ってるみたいで、すぐこいといってる、いきましょうか」と二人で、「何を怒っているのかね」なんていいながら、ブラブラといったのでございます。

コンコンと叩きまして、編集長が先にドアを開けて入った、わたくしがそのあとから入ろうとしましたら、そこに衝立《ついたて》があった。まだ社長の姿は見えなかったのですが、いきなりわたくしの頭上のほうに何かが飛んできた、ダーンと。何事かと思いましたら見本の『文藝春秋』。編集長は衝立の陰からちょっと出たところで、出た瞬間に社長の怒声が、

「お前たちは何を思ってるのか！　かかる本を作って」といっていきなり怒鳴りつけた。

「とにかくお前たちは二人とも、よく考えろ！」と。

何だかさっぱりわからないので、二人ともシュンとしまして、その見本をすごすごと拾いまして、そのまま持って帰ってしまえばよかったのですが、わたくしはばかで

したから、のこのこと社長の机の上に置きにいきました。そうしたらわたくしの顔を見まして、

「反省しろといってるのがわからんのか！」

ともう一遍怒鳴られました。その顔の恐ろしいことといったら……。

話はそれでおしまいなのでございます。当時の編集長は小林と申しますが、翌日辞表を懐に持ってまいりました。社長はその日ちょうど、葉山の別荘にいかれていて会えなかった。その翌日に手紙が届いた、速達でした。この社長の手紙を小林編集長が開けてみまして、わたくしに見せてくれました。

内容はこういう内容でした。「小泉先生は、文藝春秋今日あるのは先生のおかげというほどのわが社にとっては大恩人である。その恩人の死に対して君たちが特集を組むならば、なぜ社長の私にも一言御礼の原稿を頼まなかったのか」というのがお怒りの内容だったようです。「しかしながら、その見本を家へ帰ってよく読んだら非常に良くできている、小泉さんを偲ぶのにこれ以上の特集はないと思った。かつ、タイトルがよろしい、勇気ある自由人、小泉先生を語るにこれ以上のタイトルはない。怒って悪かった」と、えらいお褒めをこうむりまして、小林編集長は早速懐から辞表を取り出しまして、ビリビリと破いて屑籠《くずかご》へ捨てたのを非常によく覚えております。

戦後日本はどこへ向かうか

つまり今日の文藝春秋あるのは本当に小泉先生のおかげであるというのが、佐佐木社長以下文春社員のだれも心に抱いているところの大いなる感謝の念でした。『文藝春秋』という雑誌は、創立者の菊池寛《かん》が戦後に投げだしてしまいまして、それを有志の人たちが集まって再出発した雑誌でございます。その結果、どうしてもほかの雑誌の後塵《こうじん》を拝さざるをえない、そしてどっちに向かって進んでいいかわからないというような、暗中模索の時代が長くあったわけです。もちろん、紙がない時代ですから、それこそ発行するにも青息吐息という時代だったと思います。そこに昭和二十二年（一九四七）六月号から、小泉先生が「読書雑記」という非常に素晴らしいものを連載でお書きになります。自分の読んだ本の思い出話をお書きになりながら、戦後日本はどうあるべきかと、あるいは、日本人はこれからどう

小泉信三（一八八八―一九六六）

生きるべきかということを、本を通して淡々と、かつ格調高くお語りになっている特集でした。それを『文藝春秋』は売り物にいたしまして、そしてこの精神といいますか、この方向で本を作っていけば間違いないという確信を得たのです。わたくしは昭和二十八年（一九五三）に入社ですので、そのようなことをあとから聞かされました。

さらに昭和二十七年に小泉先生が、一月号だと思いますが「平和論」という有名な論文を『文藝春秋』にご寄稿になりました。

これをごたごた説明しておりますと紙面を食いますので簡単に申し上げますが、全面講和か、あるいは少数講和かというような問題[*41]で、論壇が真っ二つに割れてたというよりも、むしろ論壇はもう全面講和論一色で塗りつぶされているような時代でした。そこへ、全面講和論がいかに現実的ではないかということから、小泉先生はお一人といってもいいと思いますが、反対の立場を表明されたわけであります。しかも、この問題は将来の日本のために大事であるから、『文藝春秋』という多くの読者に読まれている雑誌を選びたいという先生ご自身のご意思もあったようです。こうして『文藝春秋』にこの「平和論」が載りました。

結果はいわゆる平和論論争という、論壇をあげての大論争が起きるわけです。これまた文藝春秋の今日をあらしめるための、大変影響力をもったというよりむしろ、文藝春秋ここにありということを天下に示したような論文であったわけでございます。お陰で文藝春秋の将来の路線はいっそう明確になりました。

のちに小泉先生は、その平和論論争時代のことを想いだしながら、こんなことをわたくしに語ってくれました。

「知識人というのは敏感で、動き易い人々が多いんだな。全面講和とだれか上に立つ人がいうと、いっせいに動く。大義名分はそれ以外にないと我も我もとね。これを〝晴天の友〟という。全部がそうだといったら、これは暴言だが、あのときによく考えてもみないで威勢のいいほうに賛成の手をあげた〝晴天の友〟がなんと多かったことかね。全面講和に固執することは、とりも直さず、米ソ両陣営の間に中立することを主張すること、それゆえに米軍の占領下にいつまでも留まることを願うということになる。そんな愚かなことはないじゃないか。それを〝晴天の友〟は思ってもみなかった。君も、これからの人生で〝晴天の友〟にだけはなるなよ」

先生は皮肉な笑みを顔いっぱいに浮かべておられた。それをよく覚えています。

小泉先生との出会い

それはのちの話で、わたくしは、つまり文藝春秋の恩人ともいうべき大事なお方ということは直接には知らなくて、昭和三十二年（一九五七）の夏だと記憶しておりますが、文藝春秋の出版局から『小泉信三選集』全五巻を出版することになりまして、その担当として先生に初めてお会いしたわけでございます。

小泉先生の広尾のお宅へ伺いまして、

「はじめまして」と挨拶しまして、

「君はどこの大学かね」というから、

「慶應じゃございませんで本郷のほうでございます」

「ああそうか、随分体が大きいが、何かスポーツやったかね」というから、

「ボートの選手をやっておりまして、これでもなかなかの名選手でございます」

自分で褒めてれば世話ないのです。

「全日本に堂々と優勝したんです。一回だけ負けたのは実は先生の大事な慶應大学なんです。しかもこのときはヘルシンキのオリンピックの、勝てばオリンピックへいけ

たときに慶應に負けて、慶應がヘルシンキへいったんです。これはもう残念で残念で、慶應と名前を聞くと背中に寒気がするんです」

というような話をいたしましたら、当時はもう塾長を退いておられましたが、先生大いに喜ばれまして、

「そうそう、それがいいんだ、君、ボートを漕いだということは、勝ち負けを超越していいことなんだ。そういえば君の物腰を見てると、ボートの選手は昔から船頭《せんどう》みたいなやつが多いというが、君の物腰は全く船頭にそっくりだな、とても学問のある人間とは思えないな」

といわれて、初めから見抜かれました。もっとも、学問がないことを早くから見抜かれたほうが楽なんでございます、あとから何でも聞けるわけですので。

三度目だか四度目に、やっとできた先生の著書を持って参上したわけです。いまと違いまして、そのころは車なんか自由に使えませんでした。それに本というのは重たいものですから、風呂敷に包みまして、そしてヨッコラショと担いで先生のお宅に伺いまして、ドアを開けてヨッコラショと下ろそうとしたときに、バラバラと二、三冊がこぼれ落ちた。その前に申し上げますが、小泉先生はわたくしみたいな青二才の編集者もかならず出迎えてくれ、あるいは、お見送りしてくれます。そのときも小泉先

生が玄関に出てこられまして、その目の前でわたくしはヨッコラショとやったら、バラバラッと本がこぼれてしまったんです。そうしたら先生は、怒るかなと思ったのにあまり怒りませんでした。ただし、一言いいました。

「君、いつまでも船頭じゃ困るんだよ」

そしてその次の機会にまたお伺いいたしましたら、先生がたくさんの本を抱えて応接間へ出てまいりまして、わたくしの座っている目の前にズラッと並べた。何かとよくよく見たら、封を開けてない各出版社からの本なんです、贈呈本もありました。それが送られてきたまま全部封を切ってないのです。

「半藤君、君これ一つひとつ開けてくれないか」

何をつまんないことさせるんだと思いながら、わたくしはひとつずつ開けていった。そうしましたら先生が、「君たち編集者にとっては本というのは一番大事な、大工がかんなやのこぎり、板前が包丁を大事にするように、何があってもこれを助けなければいけないという大事なものだと思う。その本というものを大事にしているかどうかということが一番わかるのは、こうやって人に送ってくるときだ。包み方で本に対する気持ちがよくわかる。これを君によく見て覚えておいてもらおうと思って、各出版社から送られてきていた本を開けないで待っていた」というんです。何も待たなく

ても いいと思ったんですが。そうしましたら岩波書店が非常によく包まれていたとか、文春がなっていないとか、非常な勉強になり、教訓になりました。

ところがわたくしだけかと思いましたら、このことをほかの方にもやっている。というのは岩波書店の小林勇《いさむ》さんがお書きになったものを読んでましたら、こういうことが書かれておりました。

あるとき先生が岩波書店へきた。「今日は頼みがある」といわれた。「皇太子に差し上げたいから、『少年美術館』という本をもらいたい」というお話だったので、小林さんが「ようございます」といって本をあげようとしましたら、「いや、はなはだ恐縮だが、君が自分で包んでくれないか」といわれた。小林さんも不思議な注文であると思ったが、先生のいう通りにハトロン紙で包み、麻糸を掛けて結んだ。先生は受け取って眺めていたが、帰り際に先生は「実はこの本は包んだまま皇太子（今上天皇）に差し上げるんだ、私のところへたくさん出版社が本を送ってくる、あるいは土産に本を持ってきてくれるが、その包み方が大体よろしくない（わたくしのことじゃないかと思っているんですが）。こういう小さなことにも、仕事に対する態度が現れると思う。同じことをしても出版社によっては大変違うものだということを、皇太子に話したい、そう考えて君を煩《わずら》わしたわけだ」と先生がいわれたということを、小林さんが書いておられる。

ということは、わたくしだけではなくて、皇太子も目の前で紐をほどかされたんだな、ということがわかりまして、非常に欣快《きんかい》の至りと思っているわけでございます。

先生の説いたフェアプレーの精神

ボートの選手ということから、先生がしきりにわたくしにいわれましたことは、「フェアプレーの精神」についてでした。こういうことがあったよということを話されました。戦前の話だと思います、テニスで慶應が早稲田と試合をしておりまして、五連敗だかしたことがある。そしてどうしても勝ちたいというので猛練習をしていったが、また負けて六連敗目をした。そのときに早稲田がいい気持ちになって「都の西北」を大声で歌い出した。慶應の学生は本当に悔しさ胸一杯という感じでそれを聞いていた。それが春の試合だったそうですが、秋の試合で今度は慶應が勝った。そのときに慶應の選手及び応援団が、春の仕返しにどうしてもここで「若き血」を歌いたいといった。私はそのとき止めたと。

「君たちがこの歌を歌いたいというなら、学校へ帰って大いに歌おう。君たちがこの前のときに悔しい思いをしたことはわかる。しかし同じ悔しい思いを何も負けた相手にさせることはない」

そのような意味だったと思いますが、とにかく言葉は正確ではないのですが。

「これ半藤君どう思うか」というから、

「それはまあその通りですが、勝ったときぐらい大声で天に向かって叫びたいんですが、だめでしょうか」といいましたら、

「フェアプレーの精神というのは、つまり潔く負けるということを大事にする精神なんだ、潔く負けるということを大事に思わない者は、フェアプレーの精神をもっていないといっていい」と。

公明正大に勝つために全力を尽くす、しかしながら勝ったときにはそれを驕《おご》らず、また、負けたときは粛々《しゅくしゅく》と負ける。これがフェアプレーの精神というものであるから、勝ったからといって大声で叫ぶ必要はないんだ、ということをいわれました。

このことを先生はほかでも書いています。「フェアプレーの精神」ということで、「この精神がなければ民主政治は成り立たない。フェアプレーとはいうまでもなく、運動競技についていわれることである。よきスポーツマンは、飽くまで闘う人、潔く敗れる人であるといわれるが、相手を尊敬することは、すなわち己を尊敬する所以《ゆえん》

であることを思い、どこまでも規則を重んじ、よく闘い、潔く負けることがフェアプレーである」とお書きになっていることを、そのままわたくしに諭《さと》してくれたわけでございます。

それと同時に、スポーツの妙味というのは何か、スポーツのありがた味は何かということも盛んにいわれました。

最近の学生さんは、練習するのが嫌いであるということがよくいわれています。なるほどわたくしなんかでも、ボートを漕いでてこんなに苦しい、フェニキアの奴隷みたいなことをやってて、将来何かものになるんでしょうかということを、よく若い学生から聞かれたりします。わたくしは途端に小泉先生に教えられたことをそっくりそのままいうわけです。

「曰く、練習、練習、練習、練習、練習また練習、その結果不可能を可能にすることができる、それは練習以外にないと。考えてもみたまえ、世界史というものは極めて明快な主観で裁断すれば、不可能を可能にしたことの連続にすぎない。要は自分自身の修行、つまり自らの内に強い意思を鍛え上げておく、自ら成すことがそれは大事なんであって、それがスポーツなんだ」

まずこういうわけです。非常にえらそうに聞こえますが、全部小泉先生の受け売りです。
「また曰く、正しく潔く礼節をもって勝負を争う精神を腹の底にもつ」、いわゆるフェアプレーの精神ですが、「この精神をもつことはまことに困難であるが、美しいものだという感情を育て上げることができる、それがスポーツをやることの貴《たっと》さである。また曰く、ひとつのことを徹底してやる、自分の精神的、肉体的な限界に挑戦する、その強さをもつ。それがまた自分を制御する力を、自分にはあると思ってもみなかったようなそういう持続力を、同時に自分がもっていることに気がつくことである、知ることである、それがまたスポーツをやることの貴さである」

全部小泉先生のお話のそっくり受け売りでございますが。
「最後に曰く、生涯の友を得る。小泉先生によれば」

と、ここだけ小泉先生を使うわけです、「小泉先生によれば、わが信ずる方、われを信じてくれる方、何でも語れる方、何を語っても誤解しない方、これをもつことができる、それはスポーツをやることのおかげである。その結果人生は非常に豊かなものになる、従って、ボートをフェニキアの奴隷などと思わず、一生懸命漕ぎたまえ」と、こういうのがわたくしの訓示なんです。全部小泉先生から教わったことでした。

また、こんなこともございました。小泉先生は慶應の方ですから、

「当然のことながら福沢諭吉先生の『瘦我慢《やせがまん》の説』というものを重く思われてますね」

「当たり前だ。君は東京の下町生まれらしいから勝海舟《かつかいしゅう》だね」というから、

「はあ、わたくしはどちらかというと勝海舟のほうがいい。先生はなぜ勝海舟が嫌いですか」といいましたら、先生滔々《とうとう》と始めました、四つぐらい海舟ぎらいの堂々たる理由を挙げたんですが全部忘れてしまいました。最後にいった言葉だけ覚えております。

「勝というやつはね、だいぶあとに福沢諭吉先生と会ったらこういったという、君はまだ下宿屋みたいなことをやっているのかい、とね。慶應義塾大学のことを下宿とは何であるか！　君そう思わんかね」

といってわたくしを指差したのを覚えておりますが、先生は慶應義塾大学を愛しているんだなあということが、非常によくわかった話でした。

知識人の品格

小泉先生は、お亡くなりになる前まで『文藝春秋』の巻頭に「座談おぼえ書き」と

いうのをお書きになっておられました。はじめに申しましたとおり、そのころわたくしは文藝春秋編集部におりましたので、当然ながら原稿を時々いただきにあがったり、あるいは疑問点があったりするとお電話でうかがったりしながら、最後まで先生と親しくしていただいたわけです。昭和四十一年（一九六六）の七月号にはまさか載っておりませんが、六月号まで先生の巻頭随筆は載っていたわけでございます。

　この晩年のころの先生が、一番力をこめたといいますか、関心をお持ちになってお書きになっていたのは、つまり昭和四十年から四十一年にかけてお書きになっていたのは、言論の問題ではなかったかと思います。これは「座談おぼえ書き」、あるいはときを同じくしまして、産経新聞に、題はちょっと忘れてしまいましたが、短いコラムをお書きになっています。そこでも言論の自由ということに対してお書きになっている。ということは、昭和四十年ぐらいから言論界というのが何かおかしくなりつつあるということを、独特の勘をもってお感じになっていたのではないだろうか。

　わたくしも伺いましたときに、ちょうど中央公論社が深沢七郎氏の小説『風流《ふうりゅう》夢《む》譚《たん》』で、右翼の攻撃を受けたりしている事件[*42]があった直後のことでした。

「半藤君、君は中央公論の問題をどう考えるかね。君ならばあれを載せたかね」ときかれたので、

「いや、わたくしならたぶん載せないと思います」というようなお話しをしたことがあります。そのときに小泉先生は、

「言論の自由というそのことは非常に大事である、大事ではあるがその言論の自由ということを表に立てることにおいて、人に対していかなる非難攻撃を加えるのも自由であるというわけにはいかないのじゃないかと思う。批評というのは自由だし、批評そのものは大いにやらなければならないことであるが、ただ、それは当の本人、当の相手に面と向かっていい得ること、あるいは、ごまかしなくその人に向かって、お前の考えはこのようにおかしいというふうにいえること、それを限度とすべきである。直接その人に向かっていえないこと、あるいは陰に向かってコソコソといわなければならないような非難攻撃を発表するということは、非常にいけないことじゃないかと思うよ」

といって、福沢諭吉先生の文章をわたくしに示してくれたことがありました。後に先生はわたくしにお話しになったことを、『文藝春秋』にそのままお書きになられたようでございますが。福沢諭吉先生がいった「老余の半生」と題するものです。

私の持論に、執筆者は勇《ゆう》を鼓《こ》して自由自在に書く可《べ》し、但し他人の事を論じ他人

の身を評するには、自分と其《その》人と両々相対《あいたい》して直接に語られるやうな事に限りて、其以外に逸《いっ》す可《べか》らず、如何なる劇論、如何なる大言壮語も苦しからねど、新聞紙に之を記すのみにて、扨《さて》その相手の人に面会したとき、自分の良心に愧《は》ぢて率直に陳《の》べることの叶はぬ事を書いて居ながら、遠方から知らぬ風をして、恰《あたか》も逃げて廻《ま》はるやうなものは、之《これ》を名づけて蔭弁慶《かげべんけい》の筆と云ふ、其蔭弁慶こそ無責任の空論と為り罵詈讒謗《ばりざんぼう》の毒筆と為る、君子の愧づ可き所なりと常に警《いま》しめて居ます。

これは福沢先生が創設した『時事新報』の編集上の主義について書かれた文章だそうですが、小泉先生はこれをわたくしに示されましていわれました。君のところの社長、あるいは編集長でもいい、その人間を誹謗《ひぼう》する記事を、君たちは載せないだろう。ジャーナリズムというものはそのようなとき必ず載せないものである。つまり同じことなんだと、人に対して面と向かっていえないことを、言論の自由の美名の下に書いてはいけないのだ、ということを先生は力をこめておっしゃいました。

このことはわたくしも肝に銘じまして、ジャーナリズムの根本のことだなというふうに思いまして、よく若い編集者たちにいってきたわけでございます。しかしながら、昨今のマスコミ界を見ますと、何か先生の予言が当たっていているような、いわゆる蔭弁慶的なジャーナリズムが日本中を席巻《せっけん》しているようでございまして、書きどく、売れどくの風潮がはびこっています。何かもう、そのころから先生は今日を見通していたのかなというような気がするわけでございます。

そのときに面白い例を挙げられました。川端康成の『古都』という小説、京都のことを書いた小説ですが、この小説を挙げられたのでびっくりしまして、

「えっ、先生は『古都』なんて、あんな甘っちょろい小説も読むんですか」といいましたら、

「われわれ読み巧者の人間は、君たちが甘っちょろいと思うような小説の中からも、ちゃんとした教訓を引っ張り出すんだよ」と笑いながらお話しになりましたのは、この言論の自由の問題でございます。

あの『古都』の主人公はある商家の門口に捨てられていた捨て子でした。養い親である父母は必死にそれを隠していた、しかし捨て子であることは間違いない事実である。

「このような場合に、君たちのいうところの報道の自由とは、このような事実を事実であるといって記事にする自由であるのか」と、わたくしに聞くわけでございます。

「つまりそこに非常に大事な問題があるのだ。この問題は非常に微妙なんだ。言論の

自由という問題でいうと、明確不動の答えが与えられるとはいいにくい。しかし、取捨の基準を一遍は考えるために、この『古都』という小説をぜひ読みたまえ」というのです。

小泉先生はこういうような小説もお読みになっているんだなあということに、つくづくと感服した覚えがございます。

「武士の一分」を立てる生き方

もうひとつ小説の話で、へえと思ったことがありました。戦争の末期に朝日新聞に連載されました、大佛《おさらぎ》次郎の『乞食大将』という小説があります。どうも戦争中の新聞連載のころは先生はお読みになっていなかったようで、戦後になりまして『乞食大将』が一冊の単行本になってから、お読みになったようです。ちょうどわたくしがお通いしているころに、その前後にお読みになったと思います。

この『乞食大将』の主人公は後藤又兵衛基次《もとつぐ》という武将です。こういうものを先生がご愛読されてるというのも、へえと思ったのですが。

その『乞食大将』の後藤又兵衛基次の生き方を、先生は感銘深く語っておられました。最後の大坂夏の陣を前にいたしまして、徳川家康が後藤又兵衛基次に、播磨《はりま》一国を与えるからこちらに味方しないかと誘った。それに対する後藤又兵衛の答えがこうであった。

「非常にかたじけないお申し出と思いますが、しかしながら、これは東方、つまり徳川勢が手弱ならば、あるいは考えなければならないかと思う点もありますが、いまや徳川勢は日の出の勢いでございます。大坂はそれに対して落城十日か二十日というような現況であります。このときに臨んで、大坂方を裏切るというようなことは、武士の本意でございません。その上、昨年から、つまり大坂の冬の陣のときからもう大坂方の禄《ろく》を得ております。禄を得ている人間としては、それを裏切ることは武士道に反します。従って平《ひら》にご容赦願いたい」

という返事を送るわけでございます。大佛さんの文章は名文で書かれておりますが、意味はそのようなことだと思います。そして結果的には、後藤又兵衛基次は大坂落城と共に、サムライの一分《いちぶん》を立てて戦死してしまう、生涯を終えてしまうわけですが、この又兵衛の存念のほど、生き方を小泉先生は非常に褒めておられました。

つまりは、小泉先生好みの生き方といえるかと思います。一分を立てる、名を恥じる、それが大事なこと、日本人はこれを忘れてはいけないのだということを、しきりにいっておられた。つまりサムライの精神というものを、なぜ戦後の日本人は失ってしまったのかということが、わたくしに対する小泉先生の一番最後のころの問い掛けでございました。

『平生の心がけ』という立派なご本がございます。その『平生の心がけ』の出だしは、「イエス、ノオは、はっきりさせること」とお書きになっております。小泉先生は、愚痴っぽい人間、あるいは怯懦な人間、あるいは狡猾な人間、あるいは裏切る人間、そのような人間をあからさまにお嫌いになりました。もちろんこのような人間を好む人はだれもいないのですが、憂き世というのは、わかっていてもそのような人間になりやすいところがあるわけです。少なくとも小泉先生はこういう者を嫌うだけではなくて、こういう人間は自分のそばに寄せ付けない、それだけの強さを常に堅持しておられたと思います。

お亡くなりになるちょっと前に、こうおっしゃいました、これは『座談おぼえ書き』にもお書きになっていることですが、そのままそっくり読んだほうがよろしいのではないかと思いますので、読ませていただきます。

「サムライは、その語源からいっても奉仕者ということであろう。奉仕者に第一に求められる徳は忠（ちゅう）（ロャルチー）である。その忠の対象は先ず直接の君侯（くんこう）であったが、それが皇室に対する忠となり、国に対する忠となった。そして支配者たるサムライの道徳は、全国民の道徳となり、日本国民は世界の中最《うち》も奉公の精神の盛んな国民となった。一方サムライの家庭は彼等に武士の栄辱《えいじょく》ということをきびしく教えた。『武士の一言』といい『武士の面目』といい、今日ではきくも古めかしいひびきの言葉であるが、これによって彼等は信義の重く、約諾《やくだく》の動かすべからざることを教えられたのであった。」

太平洋戦争が終わりまして、戦後日本がごちゃごちゃ、ごちゃごちゃと今日まで生き長らえてきましたが、その戦後日本で失われたもっとも大事なものが、このサムライの精神だということではないかと思います。

「国に殉ずる行為というものは、なぜか戦後日本の精神風土中で、日本人の合意として確認されてこなかった、確認されるどころか否定されるようになった。これでは祖国のために散華《さんげ》していった人たちの魂は永遠に慰《い》されない。鎮魂はならないのではないか。そうは思わないかね半藤君」

というのが、最後のころのお言葉でした。

というのはわたくしが昭和史を勉強しまして、『日本のいちばん長い日』とか、そういう戦争にまつわる本を何冊か書いたことを先生もご存じであった、それゆえの問いかけであったと思います。亡くなっていった人々の慰霊は、今日のような奉公の精神を否定するような、そんな国家をつくったのでは、永遠に慰されない、できやしない、これをどう思うかね、という先生の問いであったのです。

「今日の日本でサムライの教育を復活せよ、といったら、それはただ笑い話の種になるであろう。けれども、国に対し、主義に対し、友に対する忠誠と、一諾《いちだく》をかえぬ(つまりいったことは守るということですが)、恥を知る心を教える必要は永久に新しい。昨今見渡すところ、父母も教師も子弟の機嫌をとることに急で、教えるべきを教えず、ただ気ままにさせることが即《すなわ》ち民主主義だと思っているかのように見受けられる。うろたえてはならぬ。男子も女子も節操あれ、また恥を知れ、と訓《おし》えること、それが即ち本当の慈愛であることはあらためていうまでもなく明らかな筈《はず》である。」

と、『座談おぼえ書き』にお書きになっております。これをお書きになられてから半年足らずで先生はお亡くなりになってしまった。

知識人の役目とは何か

昨今のように、先生がおっしゃるように、日本全体の状態、言論とかマスコミだけではございません、日本人全体の気持ちが、雪崩《なだれ》現象とわたくしたちマスコミの人間はいいますが、一斉にダーッとひとつの方向に流れて走っていってしまう。先生のいうところの〝晴天の友〟ばかりがまわりにいる。そのような状況下にありまして、それは違うぞと、間違ってるぞということをいいつづける人はいなくなった。それが今日の状態ではないか、と思います。そのときに小泉先生のように「ノー、違う」とはっきりいえる人がもはやいないということが、いまや日本の危機、返す返すも残念でならないと思います。

船が左右にゆれると、足もとの怪しいわれわれは左舷あるいは右舷にころげ寄って、船の動揺を大きくして、あるいは転覆させてしまうかもしれない。そんなとき大事なのは、よろけない、足もとの確かな乗員のあることであります。

小泉先生が亡くなって半世紀以上というのはわたくしも驚きました。あのでっかい体で、そして悠々と一言、一言、噛みしめるようにいう言葉が、まだいたかのように残っております。大へんに懐かしい人であると、心から思います。

＊41 **全面講和か、あるいは少数講和か** サンフランシスコ講和条約の締結にあたって論議された、ソ連や中国を含む全交戦国との講和を望む全面講和論と、

対米講和を急ぐ単独講和論との対立。多くの知識人は当初全面講和論を支持していたのであるが……。

＊42 **『風流夢譚』事件**　昭和三十五年（一九六〇）、雑誌『中央公論』十二月号に発表された深沢七郎の小説「風流夢譚」のなかに、皇室に関する不敬な描写が数多く登場するとして、右翼の抗議活動が過熱する最中に起こった殺傷事件。言論界全体に大きな影響を与えた。

語り継ぐこの国のかたち

司馬遼太郎の遺言

一番司馬さんが何を訴えたかったか、
司馬さんが亡くなる直前まで
『この国のかたち』を書き続けながら
何を訴えたかったのかを、
わたくしたちは考えなければならないと思うのです。

司馬さんが直木賞を受賞した昭和三十五年（一九六〇）でしたか、当時司馬さんは大阪の高層マンションの上のほうの階に住んでおられまして、新婚ホヤホヤのころだったと思います。そこに訪ねて行きました。

最初にお会いしたときは髪があんなに真っ白じゃなくてまだ少し黒かったのですが、わたくしの名前を見て「半藤なんて珍しい名前だね、君どこの出身かね」と尋ねられました。これは司馬さんの癖なのです。必ず名前を見てその出所を尋ねるのです。わたくしが「東京の向島の生まれですが、父の実家は実は越後の国で、坂上田村麻呂《さかのうえのたむらまろ》が東国征伐に行った際、帰りに田村麻呂の一武将である半藤宗正が越後の国の代官として残り、そこに住まいを置いたその子孫であります」と偉そうに言ったのです。そうすると僕の顔を見て「そりゃ半藤君、嘘だよ。つくり話だな」と言うのです。

とにかく司馬さんという方は大体そういう方面の知識と言いますか、蘊蓄《うんちく》はお若いときからおありの方でした。そのときわたくしが何の気なしに「司馬さんはどちらのお生まれ、ご出身ですか」と言ったら、「人のことはどうだっていいじゃないか」と言われました。だからわたくしは司馬さんが大阪の方とばかり思っていましたら、あるとき司馬さんのおじいさんから先のご先祖は姫路におられて、そして食いつぶれたって言うと聞こえが悪いのですが、あまりいいことがなくて大阪に出て行き、そして成功された方であると伺いまして、そうかそれでご自分の出身については言わなかったのだなということがよくわかりました。

司馬さんは会えば会うほど面白い方なのですが、とにかく喋りだすと止まらないのです。こちらが質問して「うん、その件はだな……」と言って喋り出すと、話があっちへいったりこっちへいったりしながら永遠に続くような方で、「もう少しわたくしの話す余地を下さいませんか」と言いますと「どうせ君は碌《ろく》なこと言わないからいいよ」と。

司馬さんのことでとくに思い出すことがひとつあります。最初のインタビューのときに「司馬さん、奥さんとはどういういきさつでご一緒になられたのですか」とお聞きしますと「そんなことは喋らない」って言うのですね。

そこで仕方がないので司馬さんと別れるとき、送りにこられた奥さんにそっとお聞きしましたら「聞いてくれる?」って言うから「はい、つつしんでお聞きします」と答えたときの内容がこうなのです。

お二人は同じ新聞社に勤めていましたから二人は同僚なのです。ある日二人で一緒に帰る機会があったのです。

当時は大阪に市電が走っていましたがその停留所で、その日は雨降りでしたから傘をさして並んで電車を待っていると、司馬さんが突然「結婚してくれへんか」と言ったそうです。それで奥さんが「いいわ」と答えたのです。すると司馬さんが「うん、さよか、おおきに」って言ったそうです。これは奥さんにお聞きしたから本当だと思いますが、司馬さんに後になって言いますと「そんなこと言うか」とか言ってましたが、顔にかなり照れた様子がありましたので、これは間違いのないことだとわたくしは今でも確信しております。「さよか、おおきに」とはまことによき言葉なるかな、であります。

このような話をしているといくらでもバカ話が出来るのですが、もうひとつだけ非常に印象深いお話しをして本題に入りたいと思います。

その印象深いお話というのは司馬さんが文化勲章をもらったとき（一九九三年）のことです。文化勲章を受けに東京に出てきて、皇居で勲章をもらってきたその晩のことだと思います。文藝春秋の司馬さんとなじみの者が集まりましてお祝いの会をやろうということになりました。いつも司馬さんはホテルオークラを常宿にしてましたので、オークラでやったのですが、会が終わってからホテル内のバーへ移って夜遅くまで酒を飲みながらお喋りしたのです。

そのとき何の気なしに「司馬さん、文化勲章見せてくれますか」とお願いすると、

「ああ、いいよ」と言って奥さんに部屋へ取りに行かせたのです。すると奥さんの持ってきたのはパチンとフタの開くめがねケースでした。「奥さん、めがねじゃなくて文化勲章ですよ」と言ったら「ああ、ここにあるのよ」って言ってパチンと開けたらなかにヒョコンと文化勲章が鎮座ましましている。

これには驚きましたね。たいそう立派な箱のなかに入っているはずなのですが、そんなものから取り出しちゃってこういうもののなかに入れておく。そこで、わたくしたちも「あらー」って見ながら「掛けていいですか」って言ったら「どうぞ、どうぞ」って言うから、わたくしなんてこうやって掛けまして文化勲章の受章者の気分だと思ったのですが、残念ながら何にも感じませんでした。

司馬さんという方はそういう方なのです。それをものすごい栄誉にするとか、そのこと自体を特別な思いで味わうとか、そういうことをなさらない方で、戴《いただ》けるものは戴くが、それは単なる勲章でしかない。そういうもののなかに何か特別な意味を見出したり、持ったりするのは人間の浅ましいと言うか間違っているところである。勲章は勲章でしかないんだという、そういうことではないかと思った次第です。このあたりが、司馬さんの司馬さんらしい非常にいいところではないかと思うわけです。

というところで本題に入りまして『この国のかたち』についてお話しいたします。

『この国のかたち』が問いかけること

これは皆さんもよくご存知とは思いますが、司馬さんが晩年に全精力を注ぎこんでお書きになっておられたものです。

わたくしが最晩年に司馬さんとお会いしたときに「司馬さん、そろそろ小説を書きませんか」と言いました。このときはもっぱらノモンハン事件をテーマにした小説を書くという約束だったものですから。そういう問いかけを最後まで続けたのです。ところが、司馬さんはとうとう最後には「ノモンハン事件はもう書かない、もうこれ以上言うな」「どうしても書けと言うのなら俺に死ねと言うのも同じだ、俺を殺す気か」なんておどかされまして、しかたがないのであきらめたときに「これからの人生は小説は書かずに、今やっている『この国のかたち』と『街道をゆく』と、時々新聞に書かしてもらっている『風塵抄《ふうじんしょう》』と、この三つのものに全精力を注ぎこんで、この三つのものを通じてこれからの日本はいかにあるべきかということを考えたい」とはっきりおっしゃって、小説などの話になると「その話はなし」と全然受け付けてもらえませんでした。それくらい司馬さんが全精力と言いますか、全身全霊を注ぎこんでお書きになっていたものです。

『この国のかたち』の連載は昭和六十一年（一九八六）三月号の『文藝春秋』から始まりました。当時司馬さんは六十三歳です。そして平成八年（一九九六）四月号の『文藝春秋』で、司馬さんはこの年の二月にお亡くなりになりましたので絶筆になったのです。このとき司馬さんは七十二歳、十年間ずっと書き続けたものです。お読みになられた方も多いと思いますが、内容について細かく説明する余裕はありませんので、わたくしが考えている大事なところだけを申し上げます。

『この国のかたち』の連載が始まって三、四回経ったときに司馬さんが「統帥権」という言葉を持ち出して、その言葉をめぐって爆弾的な発言をなさいました。そしてたいへん大きな話題になりました。司馬さんが何を言いたくてこのような話を持ち出したのかと大変な話題になったのです。

「統帥権」についてはこの本の冒頭でも申し上げましたが、簡単に申し上げますと軍隊の指揮権です。軍隊を指揮する命令権も含めての軍隊指揮権、これが「統帥権」というものです。それが日本の場合は、明治時代に出来上がった軍隊、その軍隊統帥指揮権、軍隊を指揮する権能《けんのう》、この偉大な権利は大元帥陛下がお持ちになっているということ。大元帥陛下というのは天皇です。明治時代には明治天皇、大正時代には大正天皇、昭和時代には昭和天皇がこれを持っていた。ところがその「統帥権」というものは軍部というものが……。ここら辺は大層ややこしい話ですが、第一部での議論も参考になさってください。

日本の国というものは誠に妙な国柄でして、それこそ司馬さんのいう『この国のかたち』なのですが、天皇が中心、一番のトップに立つわけですが、天皇陛下の下《もと》に国政とか外交をみる天皇陛下がいて、それと同時に軍隊を指揮する大元帥陛下がいる。こういう構造なのです。国政とか外交をみる天皇陛下というのと大元帥陛下というのは別な役割を持った人なのです。

外国ではこのふたつの大権をもつものは国によって違って、複雑なのですが、ところが日本の場合は同じ人間。一人格がふたつの役割を持つ。国政とか外交を持っている天皇の下にいる人たちは内閣総理大臣とか、いわゆる閣僚です。これはまさに内閣を通して天皇陛下をお助けする。ところがその天皇陛下の下には軍隊がそのまま直接くっついて、この軍隊は直接天皇陛下つまり大元帥陛下の指揮を受ける。大元帥は「統帥権」によって軍隊の指揮をする。この大元帥陛下の下にいる軍隊というのは、一方で天皇陛下の下にいる内閣とは無関係なんだと、こういうシステムだったのです。

つまり内閣は総理大臣だろうが何だろうが、軍隊のやることにはいちいち介入は出来ないんだということがこの国の国柄だったのです。それを統一するのが天皇陛下であられた。明治の時代は軍隊の親方も内閣の親方も昔ながらの長州、薩摩の出身のお互い友達同士ですから阿吽《あうん》の呼吸でうまくいっていたのです。それが明治が終わり大正となり昭和になりますと、もう全く別の存在となり、軍隊がどんどん権力を持ち、そして「俺たちは大元帥陛下の直属の部下なんであって、お前たち内閣の部下じゃないんだから、お前たちに余計なことは言わせないんだ」というふうにどんどん肥大化していったのです。自己肥大って言いますか、自分たちの権力をどんどん大きくしていったという、こういう構造が昭和なんです。

現代もやたらに憲法改正、再軍備と叫んでおりますが、軍隊が出来ると同じことが起きるかも知れないということを今の内閣、若手の大臣、政治家たちはあまりご存知じゃないようです。日本の軍隊というものがこの国を滅ぼしたんだと、このことを司馬さんは『この国のかたち』の中で縷々《るる》、幾度となくお話しになるわけです。

こういう話をするとややこしくなるようですが、ここで司馬さんの文章の引用をさせていただきます。

これは全部『この国のかたち』のなかの文章です。

「私は、日本史は世界でも第一級の歴史だと思っている」。ところが、その素晴らしい国の歴史を「統帥権」を「魔法の杖とふり回す軍部」によって滅ぼされたと言い、「昭和十年以後の統帥機関によって、明治人が苦労してつくった近代国家は扼殺《やくさつ》された」とまで言っている。わずか十年間の非日本的な時代をもっと厳密に検討して、その異質性を抉《えぐ》り出し教訓とすべきではないかというのが司馬さんの言葉です。

もうひとつ、「あんな時代は日本ではないと、理不尽なことを、灰皿でも叩《たた》きつけるようにして叫びたい衝動が私にある。日本史のいかなる時代ともちがうのである」。前のほうは、〈機密の中の〝国家〟〉という項目です。二番目は〈〝統帥権〟の無限性〉、というところの項目です。

さらにもうひとつ、「明治憲法国家は、わずか四、五十年で病み、六十年に満たずしてほろんだ。国家の腹のなかに『統帥権』（というよりその無限的な拡大解釈と社会化、さらにはそれによる国家支配）という」鬼っ子が生まれた。その鬼っ子によって国家そのものが滅ぼされた。

これは、〈江戸期の多様さ〉というところにお書きになっておられる。

このように司馬さんは『この国のかたち』のあちこちで、この「統帥権」というものを拡大解釈して、それによって国家を勝手に振りまわした軍部というものを糾弾して、この国を滅ぼした原因は実はそこにあるんだ。明治以来営々として先人が作ってきた国家は無残にもそれによって滅ぼされたのだ、ということを強く訴えているわけです。

日本の問題点が凝縮された『統帥参考』

これまでの議論からもご理解いただけると思いますが、確かに日本軍部、特に陸軍の戦略・戦術の総本山の参謀本部という機関は先ほど申し上げたとおり、国政、つまり内閣のやってることとは独立して、自分たち独自の道を自分たちで勝手に作ってその道を勝手に歩むことが出来るという「統帥権の独立」ということを看板にして、この国をあらぬ方向へ引っ張っていった存在なのですが、その軍隊が作ったあるひとつの本があるんです。司馬さんはそれに注目したのです。

それは『統帥参考』という昭和七年（一九三二）に出来た本です。陸軍だけの極秘のこの『統帥参考』という本を読み、そして愕然《がくぜん》とされた。その『統帥参考』を読むことによって、日本の昭和という時代に、すさまじい鬼っ子が一人で勝手に暴れ出してこの国を滅ぼしたといってもいいとの確信を司馬さんは得た、と言っていいかと思います。

その『統帥参考』の冒頭の「統帥権」の章に「統帥権の本質は力にして、その作用は超法規的なり」と書かれています。司馬さんはこれに目をつけました。「統帥権」の本質は力であって、義とかそういうものではない。法でもない、力である。強い者が勝ちという。「統帥権」の本質はそうなんです。そしてその及ぼす作用は超法規的で、法律を超えたもの、法律の外側にあるものなのだと言うわけです。『統帥綱領』『統帥参考』……こんなものは当時誰の目にも触れません。くり返しますが、陸軍内部だけの極秘文書なのです。

もうひとつ読みます。「統帥権の行使及びその結果に関しては、議会において責任を負わず。議会は軍の統帥・指揮並びにこれが結果に関し、質問を提起し、弁明を求め、またはこれを批評し、論難するの権利を有せず」。わかりやすく言うと、議会が偉そうなことを言って俺たちのやることにいちいち文句をつけたり、あるいは質問したり、弁明を求めたり、批評したり、そんなことは絶対に全部許さない。お前たちには出来ないこと、そういう権利はお前たちにはない、議会にはない、俺たちがやることは全部俺たちのものである、ということを明言した文章なのです。司馬さんがこういう文章をたくさん読み、そして愕然として司馬さんがこの文章をまた『この国のかたち』のなかに引用して、そしてこれに対して激しい批判をぶつけるわけです。これも読ませていただきます。

「すさまじい断定というほかない。『統帥参考』のこの章にあっては、言いかえれば、平時・戦時をとわず、『統帥権』は三権（立法、行政、司法）から独立しつづけている存在だとしているのである。さらに言えば、国家をつぶそうがつぶすまいが、憲法下の国家に対して遠慮も何もする必要がない、といっているにひとしい。いわば、無法の宣言である。（それを）〝超法規的〟といっている」（〈機密の中の〝国家〟〉）

と厳しく論難するわけです。これは非常に正しい司馬さんの意見なんです。素晴らしいご意見なのです。そのことをより具体的に小説にしようと司馬さんはお考えになってノモンハン事件をお書きになろうとした経過があるのですが、その途中で司馬さんは挫折といいますかもう書かないと言い出すわけです。

司馬さんがそういうことをお書きになっている以前から、ノモンハンのことで司馬さんとお会いするときに、しきりに「統帥権」、「軍隊指揮権」の問題を持ち出しまして「日本という国はいかに軍隊が勝手気ままにしたか、憲法はあるのに憲法に違反しようが知ったこっちゃないという顔をして、どんどん無法の行動を行っていった。その象徴的なものがノモンハンであり、それを書くことによって昭和の日本がしっかり書けるんじゃないかなあ」と言っていましたから、「じゃあ書け。じゃあ書け」と盛んに言っていたのですが、結局やめちゃいました。

わたくしはそのころ、司馬さんとよく話したのですよ。「司馬さんね、そこにあまり深く入っちゃうと先に進めませんよ」と。なぜかというと、この『統帥参考』という本は昭和七年（一九三二）に出来た本なのですが、この昭和七年ごろというのは荒木貞夫という、ヒゲを生やした後の準A級戦犯ですが、この方を中心としたいわゆる皇道派《こうどうは》というグループがありまして、このグループの人たちが知恵をしぼって書いたものなんです。この人たちのなかには天皇を神様、現人神にする、天皇陛下はもう立憲君主じゃないんだと、いわば神様なんだと持ち上げて、その人のまわりにいる我々は皇軍であると。天皇の神聖なる軍です。皇軍であるから我々は天皇の軍隊としてこの日本を自由に動かしていけるんだという考え方を非常に強く持ったグループなんですね。そのグループがまとめたものなんです。だからここまですごいことを書くのです。

司馬さんと激論をしたことがあるのです。「司馬さんちょっと違うんですよ」と、「この『統帥参考』を書いたいわゆる皇道派というのは後に二・二六事件によって逆の立場の統制派によってつぶされて、そして皇道派は陸軍からほとんど全員追い出されて、勢力を失ってしまった。日本を引っ張って行ったのは統制派のほうで、統制派の方はここまで考えてなかったんですよ。ここまではっきりとした超法規的なことまでは考えていなかったんですよ」ということを司馬さんに話しました。

すると「半藤君は皇道派とか統制派とかいったそんなことを区分けすることを昭和史の学者がよくやるように好きだけど、軍隊というのは同じだよ」「俺が軍隊にいたからよくわかるんだけれども、軍隊は統制派だろうが皇道派だろうが本質的なところではみんな同じようなものと考えているんだよ」と言って、司馬さんは断固として皇道派的文書とは違うという考え方で、「日本の軍隊が国をあらぬ方向に持って行ったのです」と言いつづけられまして、半藤説には納得されませんでした。

「こういう日本というもの、こういう昭和という時代はもう長い歴史のなかでは全然別なんだ」と、司馬さんははっきり言います。「こういうものは歴史のなかからそっくりそのままはずせ」「どっかへ持って行っちゃってドブにでも捨てちゃっていいんだ」と言うけれど、わたくしは「司馬さん、違うんだ。歴史というのはずっと延長線上にあるものだ。同じ流れのなかにあるものだからそれだけはずして持って行って、ドブに捨ててすますわけにはいきません。その考え方は依然として現代にだってあるかも知れないのですよ」と言って、張り合ったのですが、とにかく司馬さんは納得しなかった。

小説にして、しっかりとそれをお書きになれば立派だったのですが。そう思わないわけでもないのです。ただ司馬さんが言った「統帥権」という根本問題を通して一番司馬さんが何を訴えたかったか、司馬さんが亡くなる直前まで『この国のかたち』を書き続けながら何を訴えたかったのかを、わたくしたちは本当は、その「統帥権」を離れてもいいから考えなければならないと思うのです。

憲法に託された思い

それは何かというと、簡単に言いますが、国を運営していくのに一番基本となる、一番根底となるところの憲法というものをしっかり守るということがとにかく大事なのである、ということを司馬さんは訴え続けたかったのだと思います。

日本の軍隊は昭和史を通してまさに憲法にどう書かれていようと「俺たちには知ったこっちゃない」「俺たちは俺たちの道が歩めるんだ」と言って自分たちで勝手に道を歩きました。それが昭和という時代を非常に惨めな、司馬さんに言わせれば、「日本でない異端の時代」を作ったということになるわけです。では、司馬さんのいう憲法といいますか、国の基本となる法とは何か。司馬さんが『この国のかたち』でしきりに訴えておりますのは、次のようなことです。司馬さんの文章をそっくり読みます。「近代国家とは法の下におかれる国家であるということはいうまでもない。国土の一木一草も法によらざるはなく、国王・大統領といえども法の下にある」（〈無題〉）

これが司馬さんの文章です。つまり近代国家というものは法、この場合の法は憲法と考えてもらうのが一番、民法も刑法もあるのですが、根本は憲法の下における国家である。したがって国土の一木一草も法の下にあるのだ。国王であろうが大統領であろうが、言いかえれば天皇であろうが内閣総理大臣であろうが、誰であろうが何であろうが、そんなものは関係なく、地位や名誉、肩書きなどは関係なく全て法の下にあるのであると、司馬さんの言葉を解釈すればこうなります。つまり「憲法を中心に同じ円のなかに人間すべてが平等に生きている世界なのである。それをみんなが守ることが大事なのである」というのが司馬さんの一番言いたいことじゃないかと思います。

わたくしは本当に同感なんです。そこでは高級官僚が大企業にちょっと便宜を図ってやったからといってそのご褒美に天下りをしたりはしない世の中である。便宜を図るとは大企業も法の外に置いたということになる。そういうことを意味する。それはすでに「公」というものを捨てたものである。これは司馬さんの言葉ではないのですが、司馬さんの言葉をわたくしが直してわかりやすく言ってるのです。どんな大人物であろうと人間でいる限り法の外にいることは許されない。そうあるべきであると司馬さんは最後までずっと説き続けたのだと思います。

つまり昭和史のなかの日本陸軍というものは「統帥権の独立」という名の下にまさに法の外へ行ったのです。法の外で勝手なことをやったのです。それを昭和戦前の日本人が許したのです。

それはまさしく、先程申したように天皇陛下と大元帥陛下という同一人物のなかに二重人格という誠にややこしい明治憲法がそこに出来ていたわけですから、そのために調節、調整がとれない難しさがあるのです。難しさがあるから軍を法の外に置くことになった、法の外に置かざるを得なかった事情があるわけです。しかしそれは非常な間違いであったと、だから何者であろうとも法の外にいることは許されないというのが司馬さんの言葉ではないかと思います。

そしてその目で今度は現代日本を司馬さんは見はじめたわけです。『この国のかたち』のなかではあまりそれが大きく取り扱われることがありませんでしたが、ほかの著作の『土地と日本人』だとか、あるいは先に申しました『風塵抄』のなかで同じ観点から今の日本がどうあるべきかということを司馬さんは訴えました。「憲法を中心に同じ円のなかの人間すべて」が平等であり、同じ権利をもっている、と。

日本人が忘れてしまったもの

どんどん飛ばして書いちゃいますが、何か最近の我が日本国もちょっとおかしくなっているじゃないかと、司馬さんはつぎのように言うわけです。

> 我々の国というものは国民がすべて法の下において等質なのである。同じ円のなかにおいて平等である。そういうことが大原則なのである。そしてそういうことをしっかりと守ってこそ国民というのは国を愛し、そして国に責任を感じるんだ。そういうものが崩れて、そういうものが無くなれば、国民は国を愛することもなくなり、そしてまた国家に対して責任を感じなくなる。現在は比較的そのようになりつつある。国の行方を得手勝手に決めるという者どもが段々増えてくる。彼らの恣《し》意《い》的判断で全てを決めようとしている。決めてもいいような装置を徐々に国のなかに作りつつある、

というのが司馬さんの認識であったと思います。

わたくしの記憶にある司馬さんの言葉をもう少し言いますと、昭和が終わって日本はますます悪くなっていくようである。日露戦争後の大日本帝国が思い上がって悪くなったように物質的繁栄を遂げた後の平成の日本は「公」を失い、上は総理大臣から

救いがたい程悪くなって来つつあるようだ。その理由はいま申しました通り、みんなが法の下に平等、法の下において等質であることを忘れて、何とはなしに大臣や議員や官僚は、自分たちの特権を上手に生かすような装置をどんどん作りつつあり、企業も企業で同じような形を作りつつある、というのが司馬さんの認識であったわけです。

これじゃいけないのではないかと司馬さんは晩年になって警鐘を叩きます。つまり「統帥権」というものが昭和史を悪くしたことの具体的な話としてわかりやすいから司馬さんは表に出しましたが、一番言いたかったことは、現代日本もまた法の下に平等、法の下で等質であるべきものがなくなりつつあるんじゃないか、国民は国を愛することを忘れはじめ、「公」というものを忘れはじめ、そして国の将来に責任を持つことも忘れはじめている、ということが一番おかしいんじゃないか、ということを司馬さんは言い続けていたようです。

もうひとつの言い方をすれば、わたくしたち日本人は戦争に敗れたという、戦争に悲惨な敗北を喫したというものすごい民族的体験を通して、戦後の日本人はなんとか平和で穏やかな、そしてまた昔ながらの日本人を作ろうとして頑張りつつあるというのに、昭和が終わって平成になった辺りから、つまりバブル経済がはじけたあたりから、それを忘れて、そうした日本人の美質というか、司馬さんの言葉でいうと「美的な論理」と「合理的精神」というものをどんどん忘れはじめている。だんだんと精神の荒廃の方向に動きつつある。そして同時に法の下に平等というようなことも忘れられ、憲法違反を平気でやる人たちが上に立つようになってゆく、ということが司馬さんの最後のころの嘆きではなかったかと思います。

司馬遼太郎の遺言

司馬さんが亡くなるちょうど一年前の二月にお会いして長々とお話をしました。例によってホテルオークラのバーで酒を飲みながら、司馬さんが「半藤君、まだ間に合うと思うんだけどなあ」「この国をなんとか昔ながらのいい国にすることは出来るような気がするんだよな」と言われるのです。

わたくしはそういうところの諦めの早い男ですから「もう間に合いませんよ。手遅れです。おしまいです。わたくし同様、司馬さんも御老体なんだからもう余計なことは言わないでのんびりいきましょうよ」って言ったら「そうはいきませんよ、君」と強く言い返されました。それで、「じゃあどうすればこの国は立ち直るのですか」とあえて申し上げると、「そりゃ一億の日本人全員がそうしようとして合意出来るものはないかも知れない。しかし、80%以上の人が合意出来るようなことがあって、それに日本人が合意し努力するならば日本はもっといい国になるはずだ」と言うのです。「それって何ですか。80%以上の人がそれをやろうと思うものなんて、いまのわたくしたちにはありませんよ」って言ったら、司馬さんが「ひとつだけあると思うんだがなあ」とおっしゃった。

「それはなあ、自然をもうこれ以上壊さない。自然をこれ以上ぶっ壊して、子供や孫たちに魚の住めない汚れた川やすぐに山崩れをおこす禿山《はげやま》を残し、夕日が沈むのを見ても全然美しくない国を残して俺は死んでいけないじゃないか。だからこれ以上もう自然は壊さないことだけはいまの日本人も合意出来ることじゃないか」と言うのです。

「司馬さんね、自然をこれ以上壊さないことは我々の生活の拡大、贅沢さの拡大、それをここでピタッとやめるということですよ」と言ったら、

「勿論《もちろん》そうだ、『足るを以《もっ》て知る』という言葉があるだろう。つまりもうここで満足、足るということを国民が知って、知ることによってまだかろうじて残っている自然をそのまま子孫に渡せるじゃないか」と言うのです。

いまの日本人のあさましい姿を見ますとわたくしにはとても無理だと思うのですが、そう言いながらも、司馬さんのなかにも何か絶望感があったような気がしてきます。

絶筆的な『風塵抄』の最後は、これ以上風土を壊して土木国家を作っていったら、「この国に明日はない」と書いている。まさにこの国に明日はないと司馬さんの目に映っていたとき、司馬さんは「日本人の美質というものに殉じて俺はさっさと死んでいくよ」と言って亡くなった感じがしてならないのです。

「腰が痛い。腰が痛い」とおっしゃいましたので、「医者に見せないと、それは単なる腰痛じゃなくて内臓からきているものかも知れませんよ」と言っても、「いや、いいんだ。医者なんかに見せたってどうせわからないんだ」と。

あの人は本当に医者嫌いでした。「医者なんかいっぺんも行ったことがない」と言ってましたけども、明らかにあれはもう内臓の、大動脈瘤破裂という形で亡くなるのですが、もう内部的に崩壊していたんじゃないかと思います。

ある意味で司馬さんはいいところで死んだ。はっきりいって、ますます日本の国は悪くなり始めている段階なんです。丁度、その転換期のところで司馬さんは何か日本人の一番美しいものをたくさん書いて、自分もまた日本人の理想に殉じるようにして亡くなっていったような気がいたします。

日本の原風景をなくさない

宮崎駿の世界に寄せて

宮崎監督がわたくしたちに見せてくれたのは、
単なる幻想の世界ではないのです。
自然と日本人とが
いっしょになって暮らしていた
ついこの間の美《うるわ》しき日本なのです。
つい半世紀前には、
人と動物と自然とが仲よく共存している
この国があったのです。

少年時代がつまった「トトロ」

老骨になったせいか、記憶力がトンと鈍ってきて、昭和六十三年（一九八八）初公開のときに、この宮崎駿監督の楽しい快作『となりのトトロ』をどこかの劇場の大きなスクリーンで観た覚えはたしかにあります。なのですが、それがいつ、どこの、何という映画館であったかなど、ぜんぜん想いだせません。たしか野坂昭如《あきゆき》さん原作の『火垂るの墓』と二本立てで、チケットを買った目的はその『火垂るの墓』のほうにあって、ついでに評判の『となりのトトロ』のほうも観てやるか、という軽い気持ちであったことだけは、ぼんやりと覚えています。なにしろわたくしは昭和五年生まれ、そのときすでに六十歳に近くなっていて、アニメーション映画にとくに意欲を燃やす年齢はとうにすぎていましたから。

終わって映画館をでるとき、わたくしはほんとうにすがすがしい心持ちになって、このまま家に帰るのはもったいなく、当然のことのように行きつけの店で一杯やり、つき合ってくれた友と大いにオダをあげた記憶はハッキリ残っています。心打たれてかなり興奮していたのです。それも『火垂るの墓』ではなく、案に相違して『となりのトトロ』のほうに、です。

その後も……、それは時ならぬ雨にあい雨宿りすることがあったりするときです。小さなサツキちゃんとメイちゃんがでっかいトトロとならんで、稲荷前のバス停でまっすぐに前を向いて、バスの到着を待っているあの心暖まる場面が、ふと想い描かれてくるのです。別に、だからどうのということではないのですが、借りた傘に雨の雫《しずく》があたるとトトロが喜んで跳ねる。ドカーンと跳ねる。雫がいっぺんにバラバラと落ちる。とにかく、こっちもそのとき、「この世には素晴らしいことがあるんだ」と弾んだ気持ちになれるのです。あえていえば、その昔の若いころ、宮沢賢治の童話を読んだときに味わった弾んだ気持ちとよく似ています。一瞬、八十過ぎの爺いも東京は下町生まれの悪ガキに戻ってしまっているのでしょう。

こんどこれを書いてほしいと頼まれたとき、その雨のバス停の風景を忘れていなかったので、あっさり「いいよ」と承知したのですが、送られてきたDVDで数十年ぶりにテレビの小さな画面でみて、ハタと困りました。「弱ったぞ」と声にもでました。

ここには終戦後、新潟県長岡の中学生であったころのわたくしの身のまわりにあったすべてのものがある。鬱蒼《うっそう》と大木の生い茂る神社、でこぼこの田舎道、お玉杓子《たまじゃくし》がいっぱいの池、一列にならんでする手植えの田植え、ドングリころころ、映画にでてくるものは何でもあった。あそこに登場するカンタは少年時代のわたくしであるのかもしれない、と思ったりするのです。さすがにわが村にはトトロはいなかったけれども。いや、実はいたのかもしれない、と思ったりもしました。

でも、そんな懐古めいたことは、いまさら書くのも退屈だし、読むほうはもっと退屈でしょう。第一に、単なるノスタルジーを語るだけでは、この名作『となりのトトロ』がいちばん喜ばない。失礼きわまりない。

それで、参ったぞ、これは……となったわけなのです。

しかし、信頼してきた編集者から、「宮崎監督は昭和三十年代の初めごろのこの国を主題にして、この映画をつくったといわれていますよ」というヒントを与えられて、それならばという気になったのです。そのころの日本ならば、たしかにわたくしは生きている、といっても、東京でもう雑誌編集者になっていましたが。それにその時代のことなら、いまもっとも関心をもっている昭和の戦後史そのまま、要するにそれを書けばいい、ということではないか、と思い直したのです。

昭和三十年代のうつりゆく日本

つまり、宮崎監督が昭和三十年代の初めに視点をあわせたということは、ちょうどそのころがわたくしたち日本人の生活が、いや、戦後日本そのものが、大きく転換するときであった、ということに、さすがに老耄《おいぼれ》のわたくしも気がついたというわけです。それでこれを書く気になった。

で、さっそくつまらない話からはじめます。バス停でトトロと姉妹がならんで待っているとき、あたりが暗くなりはじめる、とたんに外灯がパッとつきます。まずは、あの外灯の電球の話なんです。当時はまだ日本中が貧しかったから、あの電球を盗むものがやたらにおりました。ところが、盗んできても家庭用には使えなかったというのですね。知らない人が多いと思います。電球はいまも右にまわしてはめる。ところが、外灯の電球は左にまわしてはめるようになっていて、残念ながら家庭のソケットでは使えなかった。そんなことをあの場面を観ながら思いだすわけです。

いまのわたくしたちの生活になくてはならないものにテレビがあります。その放送開始はＮＨＫが最初で昭和二十八年（一九五三）二月。でも高価すぎて一般の人にはとても買えませんでした。その年の三月末までに企業を含めて計千四百八十五台しか売れなかった。それが、皇太子（今上天皇）ご成婚の話がちらつきはじめてから徐々にふえだして、百万台を突破したのが昭和三十三年（一九五八）の五月。それでこの映画にはテレビがでてこないのです。もしテレビ時代であったら、好奇心いっぱいのメイちゃんでも、ススワタリやトトロにそれほど関心をもたなかったかもしれません。

そのように、昭和三十年代の初めに日本人の生活は急激に変化していったのです。江戸時代から明治・大正・昭和へとうけつがれてきた生活道具や習慣が、この時期にあれよあれよという間に消え失せていきます。昔の日本とはどんどん別れを告げていった。蚊帳《かや》がそのいちばんいい例です。梅雨明けとともに寝所に蚊帳を吊る。都会でも田舎でも同じです。『となりのトトロ』でも夏がくると同時に蚊帳がでてきました。緑色が一般的で、子供用は白色で、海の上を飛ぶカモメが青く染められていたように覚えています。

わたくしの子供のころには蚊帳というものはちょっと怖いものでありました。なかで寝ている人が死体かもしれない、蚊帳をゆするなまぐさい風、ヒュードロドロ、なんて思うと、なかなかひとりで中に入れない。そんなことをいうといまの科学万能の世の中、バカにされて笑われるのがオチでありましょう。が、蚊帳がなくなったころから日常生活のなかの怖いものがなくなった、まことに結構のようで、じつはそれがいちばん怖いことなんではないか。人間が怖れを失う、何も怖がらなくなる、それは非人間になることと同じなんです。と、そんなことを思ったりします。

もうひとつ、映画ではお姉ちゃんのサツキちゃんも、カンタ君も、よく家の仕事の手伝いをしています。あれも失われた日本のよき生活習慣であったと思います。できないのにメイちゃんも一所懸命に手伝おうとしている。家の手伝いをするのは当たり前のことで、「よく学びよく遊び」の遊びのなかには子守りとか水汲みとか買い物とかがふくまれている。いろいろ大人の仕事の手伝いをする、親の仕事を見習うことで、生きるためのもろもろを学んでいく。日本が誇る職人藝というものはそうした伝承・育成の上に成立していた。いまの日本、腕のいい職人さんがめっきりいなくなりました。

手伝いといえば、サツキちゃんとメイちゃんが洗濯のときに、イッチニイッチニと掛け声をかけて、洗濯ものの上で足踏みをしている場面が、あらためてこの映画をみて、とても印象に残りました。わたくしも幼いころにはさかんにやりました。イッチニッサンと運動会の気分で、むしろ楽しくさえあったのです。働きながら、ついでに水かけの遊びも忘れませんでしたが。つまり、まだ昭和三十年代の初めには電気洗濯機があまりなかったことを、キチンと映画は示唆しているわけです。

そういえば、昭和三十年代の後半に、三種の神器という言葉がはやりました。白黒テレビ、電気洗濯機、電気冷蔵庫の三つの耐久消費財であることは書くまでもありません。これらがどこの家庭でもなくてはならぬものとなったのは、昭和三十年代の後半から四十年代前半にかけて、つまり第一次高度経済成長期においてでした。のちにさらに電気掃除機が加わりますが、テレビにはじまって日本人の「豊かな生活」への願望は、このころからもう堰《せき》をきったようにふくらんでいきます。

このほかにも縁側のある家、床の間、自転車のベルなど話したいことは沢山ありますが、長くなるので略すことにします。とにかく、昭和三十年代の半ばごろから、日本という国はがらりと違う国になったのです。焦土からの再生、再建がはじめは目標であったが、それが復興からいまや繁栄へと、日本人の国家目的はとてつもなくふくらみました。欲望も大きくふくらみました。では、結果としてそこから何が失われていったか、それが問題だと思われてきます。

経済成長を追い求めて孤立する日本

昭和三十一年（一九五六）を象徴する言葉――それは「もはや『戦後』ではない」というものでした。この年の七月に発表された経済白書の総論の結びにこの一行が記されています。この年の経済成長はＧＮＰ10％の伸びを達成した。それだけに、戦後の飢餓と貧困と混乱のなかで営々として働きつづけてきた日本人にとって、夢と自信と元気とをもたせるキャッチフレーズとなって、この言葉はまことに快《こころよ》く響いたことでした。

ところで、じつはそれよりちょっと前の一月十日に発売された『文藝春秋』二月号で、この言葉はすでに世に示されていました。元東大教授で英文学者の中野好夫《よしお》氏の論文のタイトルがそのものずばり、「もはや戦後ではない」であったのです。当時、わたくしは同編集部にいて中野さんの担当でしたので、この論文に直接かかわったことになります。この題名が筆者のつけたものか編集部によるものであったかが、さっぱり記憶からずり落ちていますが。

この中野論文は、白書のいう経済におけるそれではなく、むしろ思想や精神や心のあり方において「戦後」意識からの脱却を説いたものでした。中野さんは、そろそろ「戦後」への倚《よ》りかかりをやめて、日本人はきちんと自分の足で立とう、と説いたのです。

それはそれなりに当時としては正しかったと思います。それで日本人は不平不満をいわずに、とにかくせっせと働きだしました。一日も早く自立しようとしたのです。いしかし、どうしたことかと思われるほど、それからの日本は変わっていきました。いつまでも敗戦の傷をひきずらなくなったのはいいのですが、敗戦そして戦後思想が稀薄になるにつれて、かわりに経済成長のみが大事、という考え方が支配的になっていく。つまり経済的繁栄思想のみが日本人の頭を独占していく。

日本人が急速に孤立化というか、自分ひとりさえよければよいと考えるようになったのは、まさしく高度経済成長政策への邁進《まいしん》が国民的合意となった昭和三六年（一九六二）の初めからでした。そして自然をガンガン壊しだしました。『となりのトトロ』のなかで、おとうさんがいいます。

「昔々は木と人とは仲良しだった」と。

そして迷い子となったメイちゃんを探すために、村中の人びとが総出でかけ回る場面があります。いまの日本ではなかなか考えられないことです。昔はほんとうに「隣は何をする人ぞ」ではなかった。助け合ったり、助けたり、であったのです。自然を大切にし、草や木と仲良しでした。

なぜこんなになったのか。金銭の魔力に魅せられていらい、と結論づけてしまってはそれまででしょうが、かならずしもそれだけではない。あっという間に、日本人から人懐こさがなくなっていった。それが大きかったと思います。他人との接触がわずらわしくなる。それぞれがいまや競争相手となり、勝つためには押しのけざるをえなくなる。これでは人間関係がギスギスせざるをえない。ましてや口をきかない動物や植物や、山や川なんか。高度経済成長をなんとかやりとげるために、日本人がやった競争化、単一化、簡便化、開発化のツケがやがて大きくなって、この国が変わりました。月給二倍論の掛け声に煽られて誰もがマイホームの夢をふくらませた。それがバラバラの核家族のスタートとなったのはご存知のとおりです。

日本の原風景をなくさない

『となりのトトロ』とはいい題名ですね。ここでは森の住人で、ミミズクと狸をまぜたようなフワフワしたユーモラスなトトロが、わたくしたちの隣人。となりの人なんです。恐ろしくない、仲良くできるんです。ただし、残念ながらその姿は、自然にたいして親しみをもち、自然とともに楽しく生きる心をもつものだけにしか見えないようですけれども。

わたくしたちは昭和三十年代の半ばごろから、経済成長の名の下に、人間関係とともに、ほんとうに自然を完膚《かんぷ》なきまでに打ちこわしてきたのです。お金もうけのために自然の美しさに目を向けなくなりました。土地が商品となったわけです。お蔭で、「兎《うさぎ》追いしかの山、小鮒《こぶな》釣りしかの川」の歌の風景は失われていきました。もう還ってはこないでしょう。トトロもいまは棲むところを人間に奪われて、どこかの国へ行ってしまったかもしれません。

宮崎監督が昭和三十年代の初めの日本を描きながら、この映画でわたくしたちに見せてくれたのは、単なる幻想の世界ではないのです。自然と日本人とがいっしょになって暮らしていたついこの間の美《うるわ》しき日本なのです。この映画のなかの山や川や樹木や田んぼのなんと美しいことよ。つい半世紀前には、人と動物と自然とが仲よく共存しているこの国があったのです。

たぶんわたくしたちは、みんなして総がかりで、昭和のこのころに落とし物というか、何か大きな忘れ物をしてしまったようなのです。それは滅茶苦茶にでっかい忘れ物であったかもしれません。《文化》なのか、《精神》なのか、それとも、《美しいものを感ずる心》とか《人間らしさ》とかいったものか、いまはよくわからなくなっている。それを宮崎監督はわたくしたちに見せてくれようとしているのです。それも楽しく、心の和むような優しさで。

前の項でもご紹介した、司馬遼太郎さんがお亡くなりになるちょうど一年前に、長々と対話をしたときのことです。そのとき、司馬さんがなにか遺言のように言われた言葉が、いまでもときどき思い起こされてくるのです。

「〝夕日がきれい〟といったことも言えず、〝この川を見ていると本当に心が澄んできます〟という川もない国を作ってはいけなかったのです。ですから、明日の日本は、無制限な成長をおさえて、人に自慢できるような景観のなかにわれわれは住んでいる、と言えるようにしていかなくてはならない。そのためには、もうこれ以上にこの日本の自然を破壊しない、そういう国民的同意をぜひとも形成しなければいけないのです。やればできます。まだ間に合います。そうしなければ、子供や孫にわたくしたち現代人はお詫びのしようもないじゃありませんか」

宮崎監督が『となりのトトロ』で言おうとしているのも、司馬さんと同じ心だと思います。大きな忘れ物を思いだそう、日本に四季と自然の美しさをとり戻そうということ、それなんです。

それにつけても、この映画のなかに描かれている日本という国の空の青さ、森や林の緑の美しさ、もうとり戻すことはできないのでしょうか。

新たな時代をどう生きるか

答えは歴史のなかに

いまの日本のように、
基本的枠組みの安定性が揺らいでいる、
という感覚に人々が捉えられているとき、
何がいちばん頼りになるのか。
いうまでもありません。
歴史がもっとも信頼できる友として現れてくるのです。

なぜ歴史を学ぶのか

「歴史はくり返すか」とか、「歴史から何かを学べるのか」とか、耳にタコのできそうな命題があります。時々刻々《じじこくこく》に地球規模で流動していく政治あるいは経済あるいは軍事情況、一国自立主義ではたちゆかない現代の国際関係などなどに思いをいたしますと、織田信長の桶狭間《おけはざま》決戦プロジェクトなんてチャチすぎて、そこから学べることなんかありません。ましてや、いまの殺伐にして無法の許されている世界情勢においてをや。

一九九九年の「人権が国家主権を超える」ゆえに許されるとしたNATO軍のコソボ空爆いらい、地球はおかしくなったとわたくしは考えます。人権を擁護するために一方的な攻撃が許されるなら、国際法はないにひとしくなる。

さらに、二〇〇二年から翌年にかけてアフガニスタン戦争、イラク戦争へとつづきます。そのアメリカの開戦理由には、「攻撃してくる可能性のある危険な国にたいして予防的先制攻撃をかけ得る」と、目を回したくなる戦争論が持ち出されています。こんな無法が闊歩《かっぽ》するようではこれまでの国際秩序の崩壊であり、秩序が存在しなければ、国際法も存在しなくなります。残るのは露骨な国家防衛、単独攻撃主義だけで、人類はおしまいです。

人間を知る

しかし、それでも歴史はくり返すと、ガリレオみたいに、他人に聞こえぬ呟きを爺いのわたくしは口にしています。わけは歴史をかたちづくっているのは、情況がどう変わろうと、変わることのない人間であるからです。

いかに強大を誇る国家であろうと、それを動かしているのは人間です。そこには必ず人間本来の過誤《かご》、油断、錯覚、誤断、逡巡などがつきまとうのです。その集積の如何《いかん》によっては、思いもかけない脆《もろ》さや弱点となって、強大な組織をも崩壊させてしまう。どんなに指揮系統や通信や武器がハイテク化しようと、判断に錯誤の多いほうが敗者の悲運を背負わねばならないのは昔もいまも変わらないのではないでしょうか。

歴史を学ぶことの楽しさは、こうして人間の何たるかを知ること、つまり「人間学」にあります。歴史に親しむにつれて、歴史的人物の一人ひとりがやっぱり今と同じ人間であり、刻々の現在を生きているのだと感じられてくる気がします。でなければ、歴史を読んでも語っても無駄ということになる。豪壮勇猛とみえる戦国武将たりとも、好んで乱世に生まれたわけではないのです。弱肉強食の時代を生き抜かねばならない宿命を担い、命懸けで生涯をおくったのです。

荒涼たる天地の間に立つわれはひとり、それが戦国時代を生きる人間のやる瀬なき感懐《かんかい》でした。そうした弱みをもった人が、ただ一騎、「有無の一戦を遂げん」と敵の本陣に切り込んでいった。歴史の面白さは、血のかよった人間が動いている面白さなのです。

焼け野原の真ん中で

ところで、昨今の日本が直面している情況を、ある人は「第二の敗戦」と呼び、空白の十年とも二十年ともいっています。また、ある人は「第二の維新」と観じています。これはどういいかえようとも、同じことをいっているのではないかと思います。実際の話が「明治維新」と「敗戦」とは、近代日本史において、転換期として同じ重さと質とをもっていると考えられるのです。

「敗戦」のときでいえば、当時、十五歳の中学二年生で八月十五日を迎えたわたくしが、蕭条《しょうじょう》たる焼け野原の真ん中に立って思ったのは、これからこの国に起ることはすべて耐えがたい屈辱と苦難だけであり、それも二十年や三十年、いや永遠につづき、やがて亡国の民として死ぬのであろう、ということでした。そして見たのは大人どもの、思い出すのも忌《い》まわしいくらいの情けなさ。昨日まで一億玉砕の勇ましい進軍ラッパを吹いていたのに、今日は平和民主化の旗振りとなっている。君子豹変《ひょうへん》すということでいえば、戦後日本は君子ばかりの愛《め》でたい国となったことに、呆れかえるばかり……。

ところが、いまは、おれは歴史というものを知らなかったなあ、とつくづく思っています。あのとき、焼け跡で明治維新後の日本人を想起すれば何でもなかった。残念ながら、わたくしにはそれだけの歴史眼がなかったのです。

馬鹿をいうな、敗戦後は外国の占領下にあり、明治維新とは違うよ、と反発する人も多いでしょうか。でも、よくよく探索してみれば、江戸っ子にとって薩長は実質的には占領軍であったのです。それは明治史をみれば一目瞭然である。はっきりいえば、明治二十四、五年くらいまで、ダラダラと薩長の占領統治がつづいていたのです。

その前後に藩閥専制がやっとゆらぎだしたことは、明治二十三年（一八九〇）七月の日本最初の総選挙をみればわかります。このとき、反政府派の立憲自由党、立憲改進党が大勝しました。中江兆民《ちょうみん》のいう「民党」が、三百議席のうち百七一席を獲得し、長州閥の御大の山縣有朋首相を震え上がらせます。いよいよ初の国会開催にさいして、山縣は連合艦隊を東京湾周辺に待機させるという用心深さでのぞまねばならなかったほどでした。

しかし、それまでの長い薩長の〝占領下〟にあって、どのくらいの多くの人が信念を捨てて権力者に尾っぽを振ったことか。情けないくらいです。ましてや賊軍藩出身の敗者においてをや。

実は、昭和二十七年に独立するまでの、いや三十五年ごろまでの戦後日本人の種々相もほとんど同じでした。GHQに魂を売ってのし上がった奴、大いに金を儲けた野郎、対して追放、戦犯の汚名で苦労のかぎりをしつくした人と、歴史は痛快なくらい同じことをくり返しています。歴史を知っていれば、敗戦日本にあれほどガッカリすることはなかったのです。人間とはいかに不敵なものか、歴史を知っていれば焼け野原でわたくしはそう思ったにちがいないのです。

過ちの歴史をくり返さぬために

そしていまの日本、明治維新や敗戦日本と同じように、これまで保持してきた「この国のかたち」がひっくりかえっています。つまり、この数十年の間に、社会秩序は崩壊し、価値体系はご破算となり、経済は混乱をつづけ、それらはモラル喪失をもたらし、社会的にアナーキー状態を生んでいる。より正しくいえば、バブル破綻という未曽有《みぞう》の力と時流の勢いによって、精神的にも破壊され完全占領されていた歳月、と理解したほうがいいかもしれません。まさに近代日本の第三の転換期であるようです。

しかも、面白いことが起こりつつあるのです。

明治維新のときに福沢諭吉『瘦我慢の説』がありました。いまさら説明の要もないと思えますが、勘どころを。

「……自国の衰頽《すいたい》に際し、敵に対して固《もと》より勝算なき場合にても、千辛万苦《せんしんばんく》、力のあらん限りを尽し、いよいよ勝敗の極《きょく》に至りて始めて和を講ずるか若《も》しくは死を決するは立国の公道にして、国民が国に報《ほう》ずるの義務と称す可《べ》きものなり」

福沢がこれを書いたのは明治二十四年（一八九一）十一月末のことで、ここが大事なんです。つまり薩長藩閥による〝占領〟がようやくにして終わろうとしているとき。折からの国家意識・民族意識の高揚があって、痩我慢の人気はうなぎ登りに高まったわけです。

また、戦後日本では、『痩我慢の説』の代わりに、やっと占領の軛《くびき》から脱《ぬ》けでたとき、「もはや『戦後』ではない」にはじまって、国家意識を奮い立たせる清水幾太郎《いくたろう》「いまこそ国会へ」に象徴される言論が、大いにナショナリズムを喚起しました。米ソどちらの陣営にも属さない「独立日本であるべし」との叫びが若者の心を揺さぶりつづけました。

そして、いまの日本である。周囲から締めつけてくるひしひしとした圧力を感じれば感じるほど、どうでありましょうか、まるで判で捺《お》したかのように、新しい『痩我慢の説』が、いや、「もう我慢がならぬ説」といったほうがいいか、声高《こわだか》に叫ばれるようになっています。それは、いい加減に占領状態から脱し、天下独往の強い国家を造らねばならない。あらためて国家意識をとり戻そうではないか、という声なのです。

まこと、歴史は、というよりも人間は、同様の道を選択して歩むものらしい。ほんとうにそれでいいのでしょうか。

ともあれ、いまの日本のように、価値体系や制度原理といった基本的枠組みの安定性が揺らいでいる、という感覚に人々が捉えられているとき、何がいちばん頼りになるのか。いうまでもありません、歴史がもっとも信頼できる友として現れてくるのです。難局に対処するための処方箋《しょほうせん》はほかのところにはなく、歴史のなかにある、とわたくしはあらためて思っているのです。

難局に直面すると、それをいかにして乗り越えるか、どうすればうまく身をかわせるか、とその場その場での対症療法的な、ごまかし的な解決法を考える。日本人はそれが得意ですが、それではいけないと思うのです。太平洋戦争での大本営の戦略構想は、いうなればそういう姑息《こそく》な、小手先の思考によるものばかりでした。いまの日本は、そんな対症療法ではいけません。このグローバル競争と不安定な世界に対して、必要なのはより長期的な観点の、日本の明日をどうしたらいいかをふまえた、より大きな社会構想なのです。それは、世界史のなかの日本がどんな歩みをたどってきたかを、しっかりと正しく考えた上に構築せねばなりません。処方箋が歴史のなかにあるというのはその意味からなのです。

しかし、わたくしはもう老骨、昔の海軍でいう列外の人間となっています。なればこそ、その大いなる使命を若い人々に託さねばなりません。容易ならざることでしょうが、やり甲斐《がい》のある大仕事であると思うのです。

「国体」について

あとがきに代えて

本書の総タイトルの『語り継ぐこの国のかたち』も、本文の一項目一項目それぞれのタイトルも、大和書房編集部の楊木《やなぎ》文祥君がつけたものなのです。いささか無責任とは思いますがすべて彼に任せて、わたくしは余計な口はいっさい挟みませんでした。老耄《ろうもう》したゆえ不精になったためでも、四十年以上も雑誌社で磨いてきた編集感覚が、無念ながら消滅してしまったためでもありません。いまでも月刊誌の編集長はムリとしてもデスクなら、若いものに負けぬくらいの力のほどを発揮してみせてやる、ぐらいの自負心はあるのですが。なのに「なぜ?」と問われれば、この本を若い人たちにより多く読んでもらいたいと念じているから、なのです。そのためには、一つ二つを除いて、いままで本に収録されず篋底《きょうてい》に眠っていた原稿のなかから、これはと思うものを選びだし一冊にまとめるのに、若い編集者の眼力と今日的感覚に万事をゆだねたほうがはるかにましと、自分で自分にとっくりと言いきかせたのです。

とは書きますものの、「この国のかたち」とは、司馬遼太郎氏の新造語であることは、もうあらためて書くまでもありません。まだ編集者であったころ、初めてこの語に出会ったときのその新鮮さ適切さに、感動というか驚きというか、しばし司馬さんの顔を見つめながら口をアングリ開いたままであったことがいまも記憶に生々しく残っています。その独創的な言葉を本書のタイトルにお借りする。「半藤君よ、相変らず厚かましい奴《やつ》っちゃなあ」と天国からの司馬さんのお叱りの声が聞こえないでもないのですが……。

「この国のかたち」とは、戦前日本において日本人がしきりに唱えた「国体」ということです。いま国体とは国民体育大会のことを指すので混乱しますが、太平洋戦争の末期には「国体護持」が最も強力なスローガンであり、中学三年生のわたくしも国体護持のために敵が本土に上陸してくるようなことがあったなら、果敢に戦って見事に死んでやることを覚悟していたものでありました。

その戦前の国体とは何か？　要すれば「天皇を中心とする政治秩序」を指すにすぎないはずなのです。ところが、それが戦時下日本にあっては驚愕すべきほどの変貌をとげていきました。この国のかたちというと、やわらかに心に響きますが、国体となると背骨が硬直して冷たいものが背中を走るような感がしてしまうのです。実はそれというのも、いまから五十三年も前、八月十五日の終戦の一日を描いた『日本のいちばん長い日』をまとめるために、多くの関係者に会って取材をしているとき、陸軍の元将校何人もから聞かされた国体論がどうしても思いだされてくるからです。

彼らは異口同音にいいきりました。

「私たち陸軍軍人はほとんどみな自然発生的な実在としての国体観をもっていました。それは一言でいえば、建国いらい、日本は君臣《くんしん》の分の定まること天地のごとく自然に生れたものであり、これを正しく守ることを忠《ちゅう》といい、万物の所有はみな天皇陛下に帰するがゆえに、国民はひとしく報恩感謝の精神で生き、天皇陛下を現人神《あらひとがみ》として一君万民《いっくんばんみん》の結合をとげる――これが世界に冠たる日本の国体の精華であると、確信していたのです」

この国体観からすれば、無条件降伏をするためのいかなる理由も、自分の生命が惜しいからという非国民ないし売国奴《ばいこくど》の理屈にすぎないことになる、と彼らはいうのです。一君万臣、君臣一如《くんしんいちにょ》、全国民が最後の一人になるまで、戦いつづけるのが国体護持ということ。それなのに、国民の生命を助けるという理由で無条件降伏するということは、うるわしき国体を破壊することであり、卑怯者のいい草である、と結論し、それゆえにこれを阻止することこそ国体にもっとも忠なのである、と信じて彼ら数人の陸軍中央部の青年将校は蹶然《けつぜん》として起ったのです（八・一五事件）。

しかしながら、結果としては、私たち軍人はみんな心に喪章をつけてこれを何とか押さえつけることができた。そして真剣刃渡りのような危険をおかしつつ終戦へところげこんだのが、あの長い一日であったのです。そう多くの元将校は説明してくれました。

と、いまこう書いてきて、ふと、過去にも同じような国体論からのクーデター事件があったな、と思い出されてきます。昭和史最大の事件として、日本を震撼《しんかん》させたご存じの二・二六事件がそれです。このときもまた一君万民、君臣一体のうるわしき国体をとり戻すために三十数人もの青年将校たちが蹶起《けっき》しました。いま改めて、その「蹶起趣意書《しゅいしょ》」を読むと、八・一五はその精神において二・二六と通底していたのだ、ということがよくわかります。

「謹《つつし》んで惟《おもんみ》るに我神州《しんしゅう》たる所以《ゆえん》は、万世一神《ばんせいいっしん》たる天皇陛下御統帥の下《もと》に、挙国一致生々化育《せいせいかいく》を遂げ、終《つい》に八紘一宇《はっこういちう》を完《まっと》うするの国体に存す。」

と、趣意書ははじまるのですが、これでは何をいっているのか、いまの世ではわかりかねます。それにまことに長いものです。やむを得ませんから、わかりやすくごくごく簡単に蹶起将校たちのいわんとしたことの要点のみを記してみます。

「わが国が神の国といわれるのは、統治したまう神である天皇の下に、一君万民、国民が挙国一致してつくす尊厳無比な国体にある。ところがいま、この国体は破壊に瀕《ひん》し、国民は非常に苦しい生活をしている。これは元老、重臣、軍閥、官僚、政治家が悪いためである。いまこれら不義不忠の奸臣軍賊《かんしんぐんぞく》どもを滅して維新を断行し、大義を正し、国体を擁護開顕《ようごかいげん》するため、われらは神の国の赤子《せきし》としての重責を果たそうと思う」

どうでしょうか、二・二六の隊付《たいづき》将校も八・一五の参謀将校も、同じような国体観のもとに、あえて〝反乱〟に踏みきったことがわかるのではないでしょうか。しかも当時の軍人はともに、自分の信念が正しければ、いかなる行動も許されるという特有の考えが基本にあったのです。

もちろん、それは司馬さんが熱をこめて説いた「この国のかたち」とも、わたくしが本書で語り継ぎたいとしている「この国のかたち」とも違うことはいうまでもありません。

ややくどくなりますが、二・二六事件直前の昭和十年（一九三五）に、思想家をゆるがした天皇機関説問題と国体明徴運動を例に、もうちょっと説明を加えようかと思います。ごく簡単にしますので、ご辛抱下さい。

もう数十年前になります。作家丸谷才一《まるやさいいち》氏と対談したとき、「天皇機関説とは、わかりやすくいうとどういうことかね？」と訊ねられたことがありました。そのとき、わたくしはこう答えました。「どうやら考え方は三つに分かれるようです」と。

一つは、明治憲法にいう天皇の絶対的権威を認める。しかし、天皇はそれを直接には駆使しないで、国家の上に乗っただけの機関であるべきだとする説。

二つ目は、天皇が国家を統治することも陸海軍を統帥することも一応は認めるが、むしろ政府が主体的に立憲的に（憲法の範囲内で）自由主義的に国家を運営する。つまり議会や内閣の権限を、天皇のもつ大権威にたいして相対的に認め、少しずつそれを強めようというもので、これが美濃部達吉《みのべたつきち》さんの説。

三つ目は、天皇の地位や権限はそんなものじゃない、絶大であり国家主権の絶対のものであり、それを十全に使うことで国家をよりよい方向に運営していかねばならぬという説。国民はそのために生命を賭《と》して天皇に奉仕すべきである、というものです。

丸谷氏がそれで十分に納得されたかどうかはわかりませんが、「なるほどね」とはいっておりました。

それはともかくとして、この機関説問題をめぐって思想界と言論界が昭和十年の春から夏にかけて大揺れに揺れたのは事実です。そしてその果てに、当時の岡田啓介内閣が八月になって、結論として政府の声明を発表しました。

「恭《うやうや》しく惟《おもん》みるに、わが国体は天孫降臨《てんそんこうりん》の際下《さいくだ》し賜《たま》える御神勅《ごしんちょく》に依《よ》り昭示《しょうじ》せらるる所にして、万世一系の天皇国を統括し給《たま》い、宝祚《ほうそ》の隆《さかえ》は天地と与《とも》に窮《きわまり》なし……」

訳しますと、わが日本帝国は天孫降臨のときに下された神のお告《つ》げによって明らかなように、万世一系の天皇が国を統治し、その天皇が祀《まつ》る恵みは天地とともにきわまりない、つまり日本帝国は万邦無比《ばんぽうむひ》、ほかにはない神様のお告げによってでき上がった国であって、天皇がこの国を治《おさ》めるということは神代《かみよ》の昔からきまっているのである。それをいまさらがたがたと臣民がいうとは何たることか、ということになるわけです。

こうして政府がさきの三つ目の説を認めてしまったため、これが国策となり、これ以降この国から言論の自由はほとんど失われました。日本帝国は世界に冠たる神国であり、天皇陛下は現人神であるという国体論の大基本ができ上がり、そこから逸脱する言論はたちまちに罰せられるようになった。そして、この国は神権政治的な、軍国主義国家へと突き進んでいき、心ある人はみな、口を閉ざすようになっていったのです。

そして揚句の果てに、世界中の国々を敵とする太平洋戦争に、この考え方によりそって大日本帝国が踏みきったのはそれから六年後の昭和十六年（一九四一）十二月であったことはご存じのとおり。それはもう一瀉千里《いっしゃせんり》といっていい勢いのもとにでありました。

とても「あとがき」とはいえぬ余計ともいえる長談義になりました。総タイトルの「この国のかたち」につられてのものであったのですが、実をいうと、いくらかは日本のいまの社会風潮や政治にたいする憂慮と危惧《きぐ》がわたくしの心のうちにあるからでもありました。日本は神国であるとか、憲法を変えて天皇を国家元首にし、国民主権を天皇主権にせよとか、さながら戦前の国体論をよしと主張する団体が力をどんどんつけています。そしてまた、かつての日本の軍部や政治家が天皇の名をかりてほしいままに国政を動かしたように、いまの日本のトップにある人もだれかの名をかりて負《お》ぶさって勝手にふるまい、戦後七十年余、営々として築いてきた議会制民主主義そして平和を希求する国民の願いをなきものにしようとしている、かのように考えられてならないのです。

あの世からの迎えを待つのみの耄碌爺《もうろくじじ》いの、それは過多な杞憂《きゆう》にすぎないのかもしれません。が、どうみても、いまの指導層からは、何か重大なコトあるときに国民の生命や財産を保護する義務と責任とがあるといういちばん大事な意識が、まったく感じられないのです。それこそ「この国のかたち」はどうなってしまっているのでしょうか。彼らの意識にあるのは自分たちの利益や「お友達」だけで、国家や国民の全体などどうなってもいいと思っているのではないでしょうか。つい最近でも国土のあちらこちらが大災害をうけているとき、その緊急の対策はそっちのけで、いわゆる「カジノ法」の成立にさかんなる執念を燃やしていた議会の有様、あるいは赤坂での楽しそうな酒盛り、爺いはただ嘆息をつきつき眺めているだけでありました。「日本よ、平和で、いつまでも穏やかであれ」というわたくしの願いは空しくなるのでしょうか。

これで「あとがき」に名をかりた長談義は終わりです。最後に編集者の楊木文祥君に、思いもかけないような一冊をつくってくれたことに厚くお礼を申しあげます。ありがとうございました。

なお引用の諸文献などはほとんどすべて、若い読者のために読みやすさを考慮して、旧漢字を新字にし、カタカナをひらがなに替える、漢字をかなに改める、句読点やルビを付す、などの改変をほどこしていることをお断りいたします。

半藤一利

二〇一八年八月十五日

解説

内田 樹

この本は半藤一利さんが最晩年に書かれたものを集成した論集である。

私自身は半藤さんにお会いしたことがない。書かれたものはずいぶん読んだけれど、ついに尊顔を拝する機会を得ないままに半藤さんは鬼籍に入られた。得難い方を失ったと思う。

半藤さんのように東京大空襲を経験し、玉音放送を聴き、編集者となってから旧軍の人たちのオーラルヒストリーを聴き集めたというような希有な体験を持つ方がひとりずついなくなってゆく。そして、戦争を直接経験として有している世代が一人消えるごとに、戦争についての記憶がかすみ、あるいは歪められ、改竄され、上書きされる。戦争について語る言葉は時間とともに不可逆的に観念的でかつ軽いものになってゆく。そのことを半藤さんは亡くなられる前に強く危惧しておられたと思う。その思いは本書の行間ににじんでいる。

私は1950年の東京生まれである。戦後すでに5年経っていたが、幼い頃にはあちこちに戦争の痕跡が残っていた。1956年にこの本で半藤さんが書いているように「もはや戦後ではない」という言葉を人々が誇らしげに口にし始めた頃には、焼け跡も防空壕も生活圏では目につかなくなった。この「もはや戦後ではない」には「だから、もう戦争の話は止めよう」という遂行的なメッセージも同時に含意されていたと思う。それまで「戦争」はある意味では日常的でひどく身近なものだったからだ。

家の近所に「あーや」と呼ばれる片腕の老婆がいた。子ども好きの親切な人だったが空襲で片腕を失っていた。

母親にものをねだるといつも「うちは貧乏だからダメだ」と一蹴された。「どうして貧乏なの」と訊ねると「戦争で負けたから」と判で捺したような答えが返ってきた。

仲良しだったしげおちゃんの父親は元憲兵下士官で、休日に昼酒を飲み目が据わってくると、「チャンコロ」を日本刀で斬った話をした。

私の「樹」という名前は『教育勅語』の「朕惟フニ我カ皇祖皇宗國ヲ肇ムルコト宏遠ニ徳ヲ樹ツルコト深厚ナリ」から採ったものだが、名づけ親の松井さんは父の親友で、陸軍中野学校を出た職業軍人だった。痩身白皙の人だったが、私は後にも先にも「虚無的」という形容詞があれほど似合う人を見たことがない。

父が家で同僚たちと酌み交わしているときに、ときどき戦争中の話になることがあった。その時に父が「負けてよかったじゃないか」とつぶやくように言ったのを聴いた覚えがある。その言葉が出るとみんなしばらくしんと黙って、そして違う話題に移った。

小学校の担任の手嶋先生は快活で優しい男の先生だった。私はいつも先生にまとわりついていた。あるとき「先生は戦争に行ったの？」と訊いたことがある。先生はちょっとこわばった表情で「ああ」と答えた。「先生、人を殺したことある？」と重ねて訊くと、先生は蒼白になって黙り込んでしまった。

戦争は私の世代にとっては「現にそこにあるもの」ではなかった。そうではなく、むしろ「何かの欠如」だった。「欠如」していたのは、私たちの世代にとって、わが家産であり、青年の覇気であり、戦争の記憶だった。私たちの世代にとって、戦争の経験とは「何かが欠如している感じ」のことだった。それは現実にそこにあるものと同じくらいにリアルで、タンジブルな欠如だった。

私たちの前には多くの戦争経験者がいた。大陸や半島で植民地支配に加担した人たちがいた（母方の祖父がそうだった）。特高の拷問を受けた人がいた（岳父がそうだった）。どこかで深い心理的な傷を負い、そのせいである時期の出来事についてはうまく語ることができなくなっている人間がいた。

この「欠如」は目の前にいる私たちにとってはリアルなものだった。「リアルな欠如」というものがありうるのだ。けれども、それに向き合ったことがないという人たちにその消息を言葉で伝えることは難しい。きわめて難しい。それは目の前にいる人がふいに「押し黙る」とか「蒼ざめる」という欠性的な仕方で雄弁だったのであり、その生身の身体が目の前からいなくなるとリアリティーを失う。

1980年代から戦争経験者たちが社会の第一線から消え始めた。それまで彼らの沈黙はある種の「重石」として効いていたのだと思う。戦場で、占領地や植民地で、あるいは銃後の日本で、しばしば「口にできないほど忌まわしいこと」があったことは、彼らがことさらに言挙げしなくても、私たちには伝わった。けれども、それを現認していた人たちが死に始めると同時にその「重石」が効かなくなった。そして、「あのときほんとうにあったこと」について、その場にいなかったはずの年齢の人たちがとくとくとしゃべり出した。

歴史修正主義者が登場してきたのは、日本でもヨーロッパでも1980年代に入ってからである。まるで戦争経験者が死に始めるのを見計らったように、戦争について「見て来たような」話をする人間たちがぞろぞろと出てきたのである。

歴史修正主義は経験者たちの集団的な沈黙の帰結である。どこの国でも、「口にできないほど忌まわしいこと」は口にされない。けれども、それを個人的記憶として抱え込んでいる人が生きているうちは、「口にされないけれど、ひどく忌まわしい何か」がそこにあったことについては沈黙の社会的合意が存在した。ただし、それには期間限定的な効果しかなかった。「墓場まで持ってゆく記憶」を抱えていた人が死ぬと同時に記憶も消える。そして、やがて「なかったこと」になる。それはドイツでも、フランスでも、日本でも変わらない。

だからこそ半藤さんの「歴史探偵」の仕事が必要だったのだと思う。半藤さんは戦争経験者たちが言挙げしないまま墓場まで持ってゆくつもりだった記憶の貴重な断片を取り出して、記録することを個人的なミッションとしていた。

私は半藤さんの『ノモンハンの夏』と『日本のいちばん長い日』をこのタイプのドキュメンタリーとしては際立ってすぐれたものだと思っている。「すぐれたもの」というような査定的な形容をするのは失礼で、むしろ「ありがたいもの」と言うべきだろう。

半藤さんがこれらの書物を書き上げるために、どれほどの時間と手間を注いだのか、それを考えると、たしかに私たちは「ありがたい」と首を垂れる以外にない。

知られているように、『日本のいちばん長い日』は最初「大宅壮一編」として出版された。詳しい事情はわからないけれど、半藤さんが「他人の名前で出しても構わない」と思い切れたのは、重要なのは半藤一利の文名を上げることではなくて、ここに採録された歴史的事実をできるだけ多くの日本人に知ってもらうことだと思ったからだろう。常人にできることではない。

本書で半藤さんは私たちにいくつかの歴史資料を紹介し、あるいは何人かの忘れがたい人（陸奥宗光や石橋湛山や司馬遼太郎や小泉信三）の風貌を伝えている。その記述は体系的なものではない。思いつくままに、思い出すままに書いているように見える。でも、半藤さんはここで決して単なるトリヴィアルな逸話を並べているわけではないと思う。これらの書き物のすべてに伏流するのは、半藤さんが自分の眼で見て、自分の耳で聴いたことを、自分ひとりの経験で終わらせることなく、自分の死とともに忘却されることに抗って、後続世代に手渡したいというつよい願いである。それは半藤さんに先行する世代の人たちが、「自分たちが見聞きしたこと」を語らぬままに、伝えぬままに死んでいったことが現代日本の政治的危機をもたらしたという痛苦な反省をふまえているのだと思う。

半藤さんは明治維新以来、四十年ごとのサイクルで国運の向上と転落が繰り返されているという（司馬遼太郎が『この国のかたち』で立てた仮説）を受け継いで、日露戦争の勝利にのぼせ上ってから悲惨な敗戦に至るまでの40年の「転落」局面が、1992年のバブル崩壊から40年、もう一度繰り返されるのではないかという見通しを語っている。

「国家に目標がなく、国民に機軸が失われつつある現在のままでは、また滅びの四十年を迎えることになる。次の世代のために、それをわたくしは心から憂えます。」（35頁）

半藤さんの計算が正しければ、次の「敗戦」まであと10年ほどしか残されていない。つまり、いまの日本は1935年頃の、滝川事件や國體明徴運動で、言論や学術の領域から「もの言えぬ」空気が浸潤してくる時期と符合するということになる。「あとがき」でも半藤さんは「日本のトップにある人」たちが、「戦後七十年余、営々として築いてきた議会制民主主義そして平和を希求する国民の願いをなきものにしようとしている」ことに懸念を示している。（303頁）

10年後に迫った「二度目の敗戦」を避けるためには、私たちは過去の失敗を学ぶしかない。「過去の失敗に学べ。歴史から学ばないものに未来はない」という半藤さんの「遺言」を私たちは重く受け止めなければならない。

2021年6月

（思想家・武道家）

初出一覧

第一部

・日本のノー・リターン・ポイント――『ＧＹＲＯＳ＃11』（勉誠出版）二〇〇五・二
（《明治という時代 その栄光と誤算》を改題）
・戦争のなかの天皇――『文藝春秋 臨時増刊号』二〇一一・一二
（《御製でたどる明治天皇の戦争》を改題）
・過ちがくりかえされる構造
――『昭和史 １９２６－１９４５』（平凡社ライブラリー版）
二〇〇九・六（《こぼればなし ノモンハン事件から学ぶもの》を改題）
・日本を暴走させた人たち
――『ＤＩＡＭＯＮＤハーバード・ビジネス・レビュー』（ダイヤモンド社）
二〇〇五・四（《参謀論：ナンバー・ツーが組織をつくる》を改題）
・わたくしの八月十五日――『秋田魁新報』二〇一七・八・一〇
・戦争で死ぬということ――『朝日新聞東京本社版』二〇〇六・八・一五

第二部

・信念をつらぬく覚悟を――『Best Partner』（浜銀総合研究所）一九九八・五

（《戦略の研究：決断》を改題）
・正しいことを言う勇気
――『昭和史 1926-1945』『自由思想 一二一号』（石橋湛山記念財団）
二〇一一・二（《明治〜大正〜昭和――石橋湛山とその時代》を改題）
・言論の自由をいかに守るか――『GALAC』（放送批評懇談会）二〇一四・五
（《権力に抗した歴史、屈した歴史を知りメディアは監視を怠るなかれ》を改題）
・知識人の役目――『三田評論』（慶應義塾大学）一九九六・九
（《勇気ある自由人・小泉信三》を改題）
・語り継ぐこの国のかたち――『昭和史 1926-1945』『姫路文学館紀要』
二〇〇五・三（《講演『司馬さんと統帥権』》を改題）
・日本の原風景をなくさない――『昭和史 1926-1945』
『ジブリの教科書3 となりのトトロ』（文藝春秋）
二〇一三・六（《大きな忘れ物》を改題）
・新たな時代をどう生きるか――初出不明
（原稿《未来の答えは歴史の中にある》を改題）
・「国体」について――書き下ろし

＊本書収録にあたり、いずれの原稿にも大幅な加筆修正を行っています。

本作品は小社より二〇一八年一〇月に刊行されました。

本文中に、現在と異なる社会情勢や年数に関する記述がありますが、著者が故人であることを鑑み、単行本発刊時のままとしています。

半藤一利（はんどう・かずとし）

一九三〇（昭和五年）－二〇二一。東京都・向島生まれ。東京大学文学部卒業後、文藝春秋に入社。「週刊文春」「文藝春秋」編集長、専務取締役などを経て、作家となる。一九九三年、『漱石先生ぞな、もし』（文藝春秋）で新田次郎文学賞、一九九八年に『ノモンハンの夏』（文藝春秋）で山本七平賞、二〇〇六年に『昭和史 1926－1945』『昭和史 戦後篇 1945－1989』（平凡社）で毎日出版文化賞特別賞を受賞。その他の著書に『決定版 日本のいちばん長い日』『あの戦争と日本人』（文藝春秋）、『幕末史』（新潮社）、『世界史のなかの昭和史』（平凡社）、『歴史と戦争』『歴史と人生』（幻冬舎）など多数。

だいわ文庫

語《かた》り継《つ》ぐこの国《くに》のかたち

著者 半藤一利《はんどうかずとし》

二〇二一年七月一五日第一刷発行

発行者 佐藤 靖

発行所 大和《だいわ》書房
東京都文京区関口一－三三－四 〒一一二－〇〇一四
電話 〇三－三二〇三－四五一一

フォーマットデザイン 鈴木成一デザイン室
本文デザイン アルビレオ
本文印刷 信毎書籍印刷
カバー印刷 山一印刷
製本 ナショナル製本

ISBN978-4-479-30874-4
乱丁本・落丁本はお取り替えいたします。
http://www.daiwashobo.co.jp